The Seeds of Time

Poetry Of Manuel Maples Arce
1919-1980
• bilingual edition •
translated by Diane J. Forbes

- STOCKCERO -

Copyright 1981 © heirs of Manuel Maples Arce
Copyright translation, foreword & notes © Diane J. Forbes
of this edition © Stockcero 2022
1st. Stockcero edition: 2022

ISBN: 978-1-949938-17-3
Library of Congress Control Number: 2022939259

All rights reserved.
This book may not be reproduced, stored in a retrieval system, or transmitted, in whole or in part, in any form or by any means, electronic, mechanical, photocopying, recording, or otherwise, without written permission of Stockcero, Inc.

Set in Linotype Granjon font family typeface
Printed in the United States of America on acid-free paper.

Published by Stockcero, Inc.
3785 N.W. 82nd Avenue
Doral, FL 33166
USA
stockcero@stockcero.com

www.stockcero.com

The Seeds of Time

Poetry Of Manuel Maples Arce
1919-1980
• **bilingual edition** •
translated by Diane J. Forbes

Contents

I. Introduction 9
II. Manuel Maples Arce — Vita 19
III. Works by Manuel Maples Arce 27
IV. Notes on the poems 29
Las Semillas del Tiempo: Poesía Completa 36
The Seeds of Time: Complete Poetry 37
Contenido 38
Contents 39

Para don Manuel
"... a [sus] plantas, igual que un haz de flores,
pongo la estrofa de mi rendimiento."
(MMA, de "A Puebla")

Para Mireya
"¡Oh tiempo! ¡Oh río de la existencia!"
(MMA)

Para doña Blanca
"Una brizna de muguet..."
(MMA)

I. Introduction

"'Remember me' es lo que pido. / 'Remember me' is what I ask." Maples Arce didn't want to be forgotten and he didn't want to forget. He wanted to remember and be remembered. This preoccupation with presence and loss starts with the dichotomy of separation vs. union in his early poetry collections: fugacity, never being able to retain anything in his grasp, goodbyes, separation, and a consequent desire for union, harmony, continuation. This Modern problem of things being broken or absent, wanting to fix them and return to harmony, while simultaneously being fascinated by everything new, dynamic and of the moment, so prevalent for Maples Arce in the 1920s, grows to deeper proportions in the 30s and 40s regarding the creative force and existential questions, and continues in the later poems of the 60s and 70s on a more intimate level. Remembrance and oblivion, continuing and ceasing, presence and loss, creation and destruction, life and death, renovation and stagnation, like waves rolling in to shore, these fill Maples Arce's poetry.

Manuel Maples Arce was born May 1, 1900, in Papantla, Veracruz, Mexico, to Manuel Maples and Adela Arce (the names make it seem like destiny). His birth date has been copied incorrectly (as 1898) in scores of publications. Indeed, he was born with the century and matured along with it, through energetic youth, revolution, lively creativity, intellectual pursuits, politics, marriage, family, diplomacy, war, conflict, retirement, retrospection, and introspection. He studied law, worked in government, advocated for social justice, had a long and highly respected career in the Mexican diplomatic corps around the world (four continents), promoted Mexican culture, had a loving family, read everything and knew everyone, traveled everywhere, wrote important engaging poetry, and participated in a lifelong literary tertulia with the world, always fascinated by poetry, languages, theater, and art. The detail in his memoirs proves that he did remember everything.

Maples Arce is very much in vogue in Mexico right now. A quick internet search reveals scores of images and entries. Perhaps his current somewhat restricted name recognition outside of Mexico is due to the fact that he was not very prolific in his poetry production (four short volumes in 25 years, one later set spanning the next 35 years), while he more prolifically over the years dedicated himself to conversation about literature and art, to cultural diffusion, essay writing, and to his job as a diplomat. In the 1920s, however, Manuel Maples Arce was well known in Mexican literary and art circles as the leader and prime instigator of the avant-garde, with pop "happenings," café discussions, and articles and poems in every Mexico City newspaper's literary supplement, just about every week. He collaborated with the Mexican muralists. He brought the Mexican Revolution to literature. This was no small feat, and it influenced all Mexican literature that followed, opening the door for modernization and experimentation. He was very active in the 20s, got to know important established writers as well as new writers, musicians and artists. He made himself known, and made his desire to renovate poetry known. Maples published manifestos and two volumes of poetry in Mexico City in the early 1920s. His publication work in Jalapa in the mid- to late-1920s was mostly state press on public education, labor and social justice topics, except for some literature by his Estridentista colleagues and his own book of poetry, *Poemas Interdictos* (1927). As Maples Arce moved into the diplomatic service in 1935, his writing traveled with him. Friends abroad wrote book reviews and congratulatory notes on his new publications, especially the 1947 *Memorial de la Sangre*, with some copies of reviews appearing in Mexico City newspapers, but the effect was perhaps not as direct as it might have been had he been writing in Mexico. Nevertheless, life abroad was what fueled the creative fires for Maples' mid-career poetry, finding reflection and inspiration in history, art, and ancient civilizations, along with witnessing the suffering and destruction of war. Back in Mexico after retiring, his later poetry explores autobiography and the "big picture" along with personal preoccupations about life and death. The three vanguardista poetry collections (*Andamios Interiores, 1922; Urbe, 1924; Poemas Interdictos, 1927*) were published in small numbers, which was common at the time. *Memorial de la Sangre* (1947), written while in Europe, was published in Mexico while he lived in Panama. The third volume of his memoirs was published in Mexico posthumously (1983), but the first two volumes were published in Spain while he lived in Lebanon (1964 and 1967), and the de-facto fifth book of poetry, which gathered the previously uncollected poems, did not appear until shortly after Maples Arce's death, as it was placed at the end of the complete poetry (*Las semillas del tiempo*, Mexico, 1981, circulated in 1982).

Notes for another volume of poetry and other manuscripts were stolen along with a suitcase in Colombia in 1952. The fact that Maples was away from Mexico for years at a time during the 1930s-60s may have caused his later work to be less well known by the Mexican public, while the later work was better known abroad than his vanguardista period. Maples' 1940 polemical anthology of Mexican poetry caused more harm than good to his reputation, due to conflicts with the Contemporáneos group of poets. In all, a poet arguably of the stature of César Vallejo or William Carlos Williams, for example, and who was the internationally acknowledged leader of the avant-garde in Mexico, Maples Arce's work is known today mostly in Mexico among university literary circles and by some artists, and only his Estridentismo period is discussed. Over the years, there have been waves of interest in his work in Mexico on the occasion of his or Estridentismo's anniversaries, but he is still not much anthologized, though there has been quite a lot of interest in his early work recently, especially now in the age of electronic publication and You Tube. Long ignored, Maples Arce's estridentista work is now in vogue in Mexico among scholars, teachers and students, it is taught in Mexican university literature courses and selections can be found in electronic media. There have also been some recent museum exhibits on Estridentismo, including artifacts donated by the Maples family. Still, he is virtually unknown by non-Mexican Hispanists and unknown by the English-language literary community in the U.S. The Universidad Veracruzana press has published a new printing (2013) of *Las semillas del tiempo*, the original 1981 edition of which, by Fondo de Cultura Económica, had long been out of print. I hope that it along with the present bilingual edition, will help to encourage more familiarity with Maples Arce's work and gain him the recognition and remembrance that his poetry so well deserves.

Maples Arce started writing poetry as a teenager in Tuxpan and Veracruz in the milieu of Modernismo. By 1921 in Mexico City, he and his closest friends were itching to shock the literary public into the 20th century and renovate literature, in effect, bring the Mexican Revolution to the arts. Maples writes his first avant-garde manifesto, "*Actual, No. 1: Hoja de Vanguardia, Comprimido Estridentista de Manuel Maples Arce,*" and posts the sheet on the streets of Mexico City overnight in December, 1921. It aimed to shock and awaken the sleepy postmodernista literati and academics and start something new—"Chopin to the electric chair!" The manifesto named several international avant-garde writers and artists, and proposed literary renovation and a cult of the present moment ("Hagamos actualismo"), akin to Ezra Pound's exhortation "Make it new," but more like "Make it Now!" This had at least part of the desired effect, scandalizing the establishment and getting Maples Arce attention from literary friend and foe alike. A series of performance art events followed around the city, and word spread. Some artist friends introduced Maples to writer Arqueles Vela, and they began a new movement, "Estridentismo." Word spread in the capital and to other cities, and soon they were joined by artist Fermín Revueltas, writer Germán List Arzubide and sculptor Germán Cueto, then artists Ramón Alva de la Canal and Leopoldo Méndez, and writer Salvador Gallardo. Allies included Diego Rivera, Silvestre Revueltas, Fernando Leal, Jean Charlot, and others, including muralists, photographers, and musicians. Maples knew all of the Mexican muralists very well and they exchanged ideas from their time at the Academia de San Carlos and the Escuela al Aire Libre de Coyoacán to the time the murals were being painted in the Preparatoria and Bellas Artes and beyond. It was a lively period of creativity in all of the arts in Mexico.

In 1922, Maples Arce published his first volume of poetry, *Andamios Interiores*. This book is a bridge between Modernismo and Vanguardismo, showing the poet who wants to ring in the new, while still a bit melancholic over losing his old love. The poems are a beautiful combination of innovative modern-world image structures, juxtaposition of opposites, unexpected image combinations, technical prowess in verse construction (such as manipulation of syllable count to emphasize crucial points in the poem), and an anxiety over loss and separation. The interplay between the poet-narrator and his lover symbolizes the death of Modernismo and the move to Vanguardismo.

Urbe (1924) brings to the fore Maples Arce's growing political conscience and deep concern for workers' rights, the gradual corruption of the Revolution, violence in state and national politics, and his great admiration for the dynamic modern city. Perhaps it was fate that May 1, his birthday, would become international workers' day. The Estridentista magazine *Horizonte* published a number of articles on workers' rights, from Jalapa. Maples describes the violence and political chaos in Mexico during the 1920s and the resulting fear and frustration, in his memoir *Soberana Juventud*.[1]

---

1   (Translation): "Life in Mexico in those years was tense with difficulties and potential military uprisings. After every presidential election there was only a relatively short pause of public tranquility, then political

The *Poemas Interdictos* (1927) take the poet from observer of the world to active participant, interacting with modern technology. His poetic persona goes out into the city in an automobile, an airplane, on the radio, at the ports, and as a fighter in the Revolution. The poems are steps in a journey from inward to outward. The topics are clearer, more concrete, more confident. It wasn't just jazz and cocktails, cars and airplanes; it was love, life, emotion, excitement over new inventions, the struggle of an emerging new Mexico, and a poet who wanted to be out in the middle of all of it, lapping up every bit.

The poems in *Memorial de la Sangre* (1947) reflect Maples Arce's thoughts from 1930-1947 while traveling to Europe and the Mediterranean, visiting sites of the great ancient cultures, seeing history's great works of art, reading more, marrying and starting a family, working in the Mexican diplomatic corps (ultimately as ambassador) in several countries, witnessing the Spanish Civil War, surviving World War II in Italy and England, and pondering the philosophical questions of the age. For him, art and beauty are what endure, what bring harmony and unity, in a world where everything else can be destroyed or fade away. The artistic creative force and the life force of the generations propel humanity through its struggles and onward to hope for the future. The writer's sophisticated vocabulary and poematic skill become even more evident in this volume, as he matures with the century in style and philosophy. Many in Mexico who do remember

---

circles and military elements started to agitate again to try to gain power. This brought hours of anxiety, parliamentary agitation and armed violence. Thus we lived in a state of anxiety that affected everyone and which continued to have psychological resonance in the life of young people." (*Soberana Juventud*, p.144)

Maples Arce remember him as a vanguardista poet. Some say there is a break between the early avant-garde books and *Memorial de la Sangre*, but careful study shows an organic progression, a trajectory that makes sense. Maples insisted that he have the right to mature and grow, as any artist must, not to stay in the past.

The majority of the "Uncollected Poems" are from the later years, 1947-1981, though a few are from the 1930s (and one from 1919 that had been published in the *Cosmópolis* magazine in Madrid). They show the older poet remembering friends and favorite places, with a calm wisdom like the older Neruda, and they show the elderly Maples contemplating his own mortality, especially in dialogue with Hamlet about what happens after death. He is obsessed with the idea of nothingness. He wants to go to the land of the remembered, not the land of the forgotten. In the uncollected poems, Maples Arce shows his skill at writing various types of sonnets, and tinkering with 8- and 11- or 12-syllable verses, unlike his customary 7/14-syllable lines (his natural rhythm as he mentally composed poems while out on his afternoon walks).[2] The vocabulary is very sophisticated and the images show calm and wisdom, occasional melancholy, and in the Hamlet poems, spirited sarcasm and deep introspection.

Combined with a reading of the memoirs, reading the trajectory of Maples Arce's poetry yields, in my own eyes, a great respect and admiration for Maples Arce's skill as a writer and sensitive thinker. He was also a very good conversationalist, a good friend, a student of art and theater

---

2   His whole life, Maples loved to go for long afternoon walks, alone or with a friend. When alone, he mentally composed his poems while walking. I believe this has something to do with the consistent rhythm patterns in his poems.

and languages, a collector of art, and an avid reader. There is depth here that deserves attention and consideration. Along with other important vanguardistas such as Huidobro, Maples Arce's work as the leader of the Mexican avant-garde helped open the door for experimentation and all contemporary Latin American literature, including the Boom novels. We need to remember this. Maples' beautiful mature poetry also needs recognition today and a lasting place in literary annals. He not only wanted to be remembered, he deserves to be remembered.

II. Manuel Maples Arce—Vita

1900—Born May 1, in Papantla, Veracruz, Mexico. Maples Arce attends elementary school in Tuxpan, Veracruz. The great Tuxpan River is a lifelong source of companionship and inspiration to Maples.

1914—Starts secondary school in the state capital, Jalapa. Early interest in writing.

1915—Returns to Tuxpan to stay with family during the worst of the political crisis.

1916—Goes to the city of Veracruz to continue secondary school. Starts a student newspaper and collaborates on two city newspapers, *El Dictamen* and *La Opinión*. Begins writing poetry in earnest. Shows leadership skills.

1920—Moves to Mexico City to study law at the Escuela Libre de Derecho. Makes friends with other writers and artists of his generation. Valuable friendships with older writers such as Ramón López Velarde and Rafael López. Reads as much as he can. Collaborates on the magazines *Zig-Zag, Revista de Revistas* and *El Universal Ilustrado*. Gains social and political conscience.

1921—Desire to renovate Mexican literature. Publishes first Estridentismo manifesto: *Actual No. 1—Hoja de Vanguardia, Comprimido Estridentista de Manuel Maples Arce* and posts it around the city. Gains attention and is joined by like-minded people.

1922—Publishes his first major volume of poetry, *Andamios Interiores: poemas radiográficos*. Provokes quite a reaction. Effectively breaks the Postmodernista hold on Mexico. Receives international attention. Other young writers join the Estridentismo group. They write another manifesto and post it on December 31.

1923—Estridentistas write literary magazine *Irradiador*.

1924—Publishes *Urbe: poema bolchevique en 5 cantos*, inspired by the new dynamic modern technology in the city, the struggle for workers' rights, the volatile political situation of Mexico, the violence in Congress, and the gradual corruption of the Revolution. Maples calls *Urbe* a song with a heartbeat of hope and desperation. John Dos Passos comes to Mexico to meet Maples Arce, reads *Urbe* and translates it into English (*Metropolis*). Maples was deeply affected by the country's upheaval, and said "Such was Mexican life, and, in my youth, I felt I was its prophet." (*Soberana Juventud*, p. 149)

1925—Graduates from the Escuela Libre de Derecho and receives his law degree (writes his thesis on agrarian reform). Moves to Jalapa with a letter of introduction in hand to General Heriberto Jara (Revolution veteran and progressive governor of the state of Veracruz) written by Alfonso Cravioto. Jara invites Maples to join his government as head trial judge in lower court. He is soon promoted to Secretary of Government, and Interim Governor during any of Jara's absences from the city. Maples brings his family to live with him in Jalapa; his father dies suddenly just after the move. Maples calls in his Estridentismo friends to manage press jobs sponsored by the Jara government, especially the magazine *Horizonte*. They publish the first book-length edition of Mariano Azuela's *Los de abajo*. Maples works on issues of labor, social justice, gun control, agriculture, oil, education, health, and infrastructure. There is serious political division in the Veracruz state government, accompanied by violence. Maples has more than one close call (life in danger).

1927—Publishes third volume of poetry, *Poemas Interdictos*, in Jalapa. The Jara government is forced out by the opposition in 1927 and Maples decides to leave Jalapa with his family (out of loyalty to Jara) and moves back to Mexico City. The Estridentistas each go off in their own direction, and in effect, the Estridentismo movement ends (having been the longest-running vanguardista movement in Latin America.)

1928—After leaving Jalapa, Maples works for the Álvaro

Obregón presidential re-election campaign until Obregón is killed. Maples works briefly as legal counsel to the Secretariat of Government (like the Department of State). Is elected to the Veracruz state legislature as representative of the district of Minatitlán and Acayucán, a two-year term. Was not able to achieve many of his goals, as other parties made it impossible. The violence and personal attitudes left him irritated and hurt by the futility and failure of his idealistic efforts. The fact that the poet had worked as a judge and congressman made him conscious of all of the faults within the government. This produces a renovated desire to travel and study.

1930—Goes to Paris to study French at the Alliance Française and international law at the Sorbonne. Reads modern European literature, meets all the important writers and artists. Great camaraderie. Brief stops in Havana and New York City. Travels through Spain. Many Mexican writers and artists are also in Paris at the time. Lively tertulias. Runs out of money and has to return home.

1931—Works as advisor to the Department of Public Education.

1932—Invited to run and is elected to the national Congress, representing the district of Tuxpan. Notes the public works projects he enabled when he was Secretary of State Government. Maples is very popular, but it is a tough campaign due to other party opposition. Wins election, serves on Congressional Education Commission and leads legislation for university autonomy, national heritage, labor interests of workers, national literary prize, and favors term limits for Congress. During parliamentary recess, he spends the summer in New York City, to learn more English, with an eye toward future work in diplomacy. Several Mexican muralist friends are painting in New York at the time, including Rivera and Orozco.

Mid-1933—Returns to Mexico to finish the legislative session. Works on Lázaro Cárdenas' presidential election campaign. Desire for social reform. Many tertulias with friends; they come to *his* house now. Discussion of literature, art, the future of Mexico, keeping faithful to the Revolution. The Contemporáneos group publishes their Anthology of Modern Mexican Poetry. Maples says they are not innovators, they only imitate their teachers (Modernistas). Maples teaches a class on Art History at the Escuela Normal. Works in the Editorial section of the Department of Public Education. Has great ideas to edit literary classics for schools, but is delayed by busywork and trivial projects, and quits. Goes to ex-president Portes-Gil (a friend and neighbor) to ask about a diplomatic post. Is given a post in Belgium.

1935—Leaves in early May for Belgium. Feels exhilaration and inspiration to write on the ocean voyage. His first post is as secretary of the embassy, and later "encargado de negocios," chief of mission. Connects with Belgian literary community.

1930s—Conceives of and begins to write the long poems of *Memorial de la Sangre* while in Belgium, Poland, and Italy and during his travel by ship (the short poems at the end of the collection are from Paris 1929-1930).[3]

1936—Meets future wife Blanche Vermeersch in the spring in Belgium, they marry August 12, 1936. Son Manuel is born in 1937. Concern for Spanish Civil War. Concern for growing Nazi power and persecution of Jews. Travel in Europe and the Middle East.

December 1937—Transferred to Poland. Deals with international reaction to Mexico's nationalization of its petroleum industry. Anxiety over increased presence of war machines in Poland.

1938—Transferred to Italy as chief of mission ("encargado de negocios"). As in every country, Maples makes new friends and connects with old friends, espe-

---

[3] (Translation): "After the emotive, radical and psychological vanguardismo of my youth, other forms of expression and experience followed. With time, my poetry advanced in an essential way, not just technically. Existential duration, the pulse of the days, played in it a primordial role, bringing to it a movement of vital force. It no longer tends to express the fugacity of events, but to search for the permanence of the being in total reality: it is the fruit of a different intentionality. Of course, metaphor does not disappear, with its multiple and synthetic meaning, but the poem does not rest exclusively in it. The thematic continuity is greater, tighter, more coherent, and perhaps it allows more complex perceptions and sensations, not only in style, but in the very concept of the poetry and the language that transmit something profound of my subjectivity." (*Mi vida por el mundo*, p. 72)

cially writers and artists from Mexico and abroad. As usual, travels quite a lot within his assigned country and in neighboring countries.

1940—Publishes his Anthology of Modern Mexican Poetry in Rome. World War II in Rome. Suffers severe shortages.

1942—Transferred to Portugal. Daughter Mireya is born there.

1943—Transferred to England as Consul General, with additional representation to the governments in exile of Belgium, Holland, Poland, Czechoslovakia, and Norway. Witnesses the bombing of London. Severe conditions, dangerous for him and his family, yet nevertheless he remains an avid promoter of Mexican commerce and educator on Mexican culture, as he was in every country where he served.

1944—Named ambassador to Panama. Publishes *Memorial de la Sangre* while he was on a trip back to Mexico (1947). Active in the literary community.

1949—Named ambassador to Chile. Travels to Argentina, visits friend Borges. While Maples serves in Chile, his mother dies in Mexico.

1950—Named ambassador to Colombia. A robbery in his house resulted in the loss of a suitcase containing a portfolio with years of literary work ready for press, the only copy (1952). Maples suffers health problems due to the high altitude.

1952—Named ambassador to Japan. Octavio Paz is his secretary. Writes *Ensayos japoneses*. Strong cultural exchanges.

1956—Named ambassador to Canada. Son Manuel goes to college and Mireya to junior high school there. Son Manuel marries and stays in Canada. Maples Arce has health problems.

1959—Named ambassador to Norway. Travels to other European nations, particularly in Scandinavia, and to the USSR.

1962—Named ambassador to Lebanon and Pakistan (residence in Beirut). Publishes in Spain the first two volumes of his memoirs, *A la orilla de este río*, 1964, and *Soberana Juventud*, 1967.

1967—After Mireya graduates from college in Beirut, Maples Arce requests retirement. Returns to Mexico City. After retiring, writes third volume of memoirs, *Mi vida por el mundo* (published in 1983).

1981—Works on editing his complete poetry, *Las semillas del tiempo* (published later that year). Passes away in Mexico City on June 26, 1981.

III. Works by Manuel Maples Arce*

POETRY:

Andamios Interiores, México: Editorial Cultura, 1922.

Urbe, México: Andrés Botas e Hijo, 1924.

Poemas Interdictos, Jalapa, Veracruz: Ediciones de Horizonte, 1927.

Memorial de la Sangre, México: Talleres Gráficos de la Nación, 1947.

Las semillas del tiempo: obra poética 1919-1980, México: Fondo de Cultura Económica, 1981.

EDITORIAL/CRITICISM:

Antología de la Poesía Mexicana Moderna, Rome: Poligráfica Tiberina, 1940.

Siete cuentos mexicanos. Panamá: Biblioteca Selecta, 1946.

ESSAY:

Modern Mexican Art (El Arte Mexicano Moderno). London: A. Zwemmer, 1943.

El Paisaje en la Literatura Mexicana. México: Librería Porrúa Hnos. y Cía., 1944.

Peregrinación por el Arte de México. Buenos Aires, 1951.

---

* Maples Arce dismissed his early modernista book, *Rag, tintas de abanico* (1920), written when he was young, and asked that it not be included in his complete poetry. I have honored that request, the same for his teenage poems.

Incitaciones y Valoraciones. México: Cuadernos Americanos, 1956.
Ensayos Japoneses. México: Editorial Cultura, 1959.
Leopoldo Méndez. México: Fondo de Cultura Económica, 1970.

Memoirs:
A la orilla de este río. Madrid: Editorial Plenitud, 1964.
Soberana juventud. Madrid: Editorial Plenitud, 1967.
Mi vida por el mundo. Veracruz: Universidad Veracruzana, 1983.

Literary Magazines
Collaboration on many literary magazines, including:
Zig-Zag, Revista de Revistas, El Universal Ilustrado, Irradiador, Horizonte..

IV. Notes on the poems

Since a full explanation of the poems does not fit into the scope of this book,[4] I have chosen just a few elements to highlight here.

In *Andamios Interiores*, Maples Arce takes a situation of separation, and shows it like scattered pieces of a broken mirror in which images are reflected and refracted in a jumbled puzzle. The reader must put the puzzle pieces together to understand the picture. In this process, separation becomes union, multiplicity is unity simultaneously, destruction becomes creation. *Andamios Interiores* is the most personal of the books, the most interior. The style is cubist and imagist, as it presents many angles of the story simultaneously, and fulfills Ezra Pound's suggestion that "an image is that which presents an intellectual and emotional complex in an instant of time."[5] This is similar to the Estridentista idea of the "imagen equivalentista," which when joining two disparate images creates a new third reality. The best example of the puzzle technique is "Prisma," which, although written last, is featured first as the standard bearer of the volume. In this Cubist puzzle image, the narrator is looking out his window at the city on a rainy night, what he sees outside is reflected in the window and the mirror, and he is remembering his train

---

4 See Diane J. Forbes, "Maneuvering Time and Place: the Poetry of Manuel Maples Arce" (Doral, FL: Stockcero, 2022).
5 Ezra Pound, "A Few Don'ts by an Imagiste," *Poetry* magazine, March 1913.

station goodbye scene with his girlfriend. The verses follow a regular syllable count until the point of crisis when the star of memory falls into the water of silence. That moment cuts the verses into fragments that must be joined to make the 7 or 14-syllable line pattern; this is accomplished by a double intertwining of "del silencio" and "Tú y yo / coincidimos / en la noche terrible." ("You and I meet in the intense night.") This "meeting" brings everything together and solves the problem of separation (absence, loss, oblivion). The poem ends with an image of everything being connected in concentric circles.[6]

The poems in the "Voces amarillas" section of *Andamios Interiores* illustrate a dialogue between Modernismo and Vanguardismo, and represent the death of Modernismo. As alluded to in "En la dolencia estática," the dialogue is also an echo of the dialogue between piano and voice in the *leider* songs of the Romantic period such as those by Robert Schumann, here paired with avant-garde images. The two voices are the moribund, consumptive girlfriend, representing Modernismo/Postmodernismo, and her lover, the romantic, energetic young poet who represents the new age of the 1920s. She is always ill and longs for the past; he says "Sunshine, whiteness, etc. and no more dry leaves," calling for an end to Symbolism, *Modernismo, Postmodernismo.*

The poems of the other sections depict "Prisma"-like puzzle scenes of cafés and the city, weaving the pieces of the separation/union dichotomy. These poems are also full of synesthesia and pairs of opposites. Inner scaffolds (andamios interiores) are like skeletons, they are what hold us

---

6   Compare William Faulkner's ripple theory, and by extension, John Donne's "No man is an island."

together, and what we see on x-ray films (hence the subtitle, *poemas radiográficos*); they are our innermost self.

As Maples Arce moves to *Urbe*, the topic becomes more global rather than personal. There are echoes of Whitman in the affirmative verses about the dynamism of the modern city, and there is a more contemporary feeling in the darker passages about the political violence. *The City* is humanity's creation, the dynamic pulse of our civilization.

In *Poemas Interdictos*, the topic becomes less sentimental, cleaner, clearer, with more modern themes and with a highly emotive content. *Prohibited Poems* show the poet-artist defying rules and asserting independence, forging ahead with creation. "80 H.P." (80 horsepower) tells of a car ride from the city to the outskirts of town. For a Ford Model T, up until 1926 horsepower was about 22 HP (20 HP in 1911). For 1926-27, horsepower was reduced by lowering compression to compensate for lower octane gas then. A Model T could go 30 mph or more on a good road and get 10-12 miles per gallon. (However, modifieds at the Indianapolis speedway in the1920s ran an average speed of 100 mph.) So for a regular car, Maples Arce is dreaming of quite a lot of power and speed for the time.

"T.S.H." stands for "telefonía sin hilos," or wireless telephony. Maples Arce read this poem over the air in the first broadcast of the first radio station in Mexico. He was on the program with composer Manuel M. Ponce and journalist Carlos Noriega Hope.

Poemas Interdictos was published in 1927, the same year as Charles Lindberg's famous non-stop transatlantic flight in the Spirit of St. Louis, and Maples Arce's "Canción desde un aeroplano" reflects the world-wide fascination with airplanes and flight.

Like "Urbe," "Revolución" hints that poetry endures and contains hope for the future. As a foreshadowing of *Memorial de la Sangre*, it also alludes to the ever-present touch of history and warfare's effect on the generations.

In *Memorial de la Sangre*, "España, 1936" and "Este día de pasión" speak of the horrors of the Spanish Civil War and World War II, while "Memorial de la sangre" and "Elegía paterna" contemplate the mysteries of birth and death and the continuing of the generations. The other long poems of this volume evoke the Mediterranean Sea, Helen of Troy, Botticelli's Venus, the creative force, the weight of time, the enduring presence of art and beauty, and the will to continue. They are poems of deep contemplation, communicated by verses of great rhythm and musicality and inspired images. *Memorial de la Sangre* is the memory or the record of who we are, where we came from, who we have been.

The long poems seem to dominate the *Uncollected Poems*, but the sonnets are the soul of the collection, gems like "Prelude on the mountain" and others that show Maples Arce's world, recalling the Tuxpan River, friends, favorite places, the vocation of poet, and musings about the approach of the end of life. These are almost unspoken, interior monologues, some very intimate thoughts about self and life and death. The earliest-written poem of the book, "Those romantic snobs" from 1919, has perhaps the tightest construction and most successful image communication of the collection. In one of the late poems, the emotion at the end of "Elegy for Ignacio Millán" is intense as the sirens call Millán, Millán, Millán. "Hamlet or the obscure" covers many topics about life, death, poetry, and Mexico, but what stands out is Maples' main concern: "*To be or not to be*, that is everything. ... *Remember me* is what I ask." No matter what the answer about nothingness is, perhaps Hamlet's best advice is, when your time is up, "try to be at the boat on time / and to thine own self be true."

V. A Note On The Translation

Translating this poetry has been both a labor of love and a challenge. Some of the poems have turned out well and could stand on their own in English, while others remain just a guide for readers who do not speak Spanish. One cannot even hope to replicate in English the beauty of the Spanish words, nor certainly any rhyme or syllable count, but I have tried to keep a semblance of the feeling and the basic rhythm where possible. Don Manuel's inventive or sophisticated vocabulary and his sourcing of Italian, French or Latin roots have been a challenge at times, not only to me but to any native speakers I have consulted. Sometimes one senses the meaning of the Spanish but cannot find the best way to say it in English. "Su" has presented a challenge in many poems where there is no antecedent noun, so that the translator does not know if it means "her," "his," or "its." The Spanish allows for ambiguity but the English requires a choice. I hope the reader will take this ambiguity into account. "Amarillo" (yellow), the color most often mentioned, has two senses in Maples Arce's work, one a positive bright yellow in the mid-afternoon, the other dry and faded in the autumn or with passing time. "Estremecimiento" is a favorite word of Maples Arce, it can be a thrill or trembling or some combination or similar emotion. "Deslumbramiento," "deslumbre" and "traslumbre" seem to be positive at times ("dazzling") and negative at other times ("blinding"). "Espuma" has very frequent appearances; "seafoam" doesn't have exactly the same feeling nor range of meaning, and most other choices don't seem to fit. I have chosen different words at times, like "whitecaps" or "surf." "El olvido" has been the most challenging, a sort of Land of the Forgotten and forgetting. Late in this project I grudgingly made my peace with "oblivion" after too many struggles to find a more appropriate word, and "oblivion" does appear in translations of other vanguardista poetry. "La tarde" can mean afternoon or evening in Spanish; for Maples it is almost always late afternoon, when he would take his long walks and compose poems in his head while walking, either in full sun or at sunset, but usually not evening. (He said in his memoirs that he was not very nocturnal, except in Paris.) Translation from Spanish to English often necessitates changes in word order, but I have tried to reflect the line structure of the poems as much as possible. I have taken a few liberties: "semifusas" are 64th notes, or hemidemisemiquavers; I settled for semiquavers. The wordplay in the long Hamlet piece has been the most challenging; I hope I have adequately communicated the meaning.

Where I have succeeded with the translation, I am grateful; where I have fallen short, I ask the reader's indulgence. What is most important is to get Maples Arce's work out to readers so that they may enjoy it for themselves.

VI. Acknowledgements

My great thanks to my now dear friend Mireya Maples for her patience in the time it has taken me to complete this translation, amid my busy teaching schedule and finally during a sabbatical leave. Her insights and stories have been invaluable, as has her friendship during our many visits. Thank you to her brother, Manuel Maples, for facilitating some of my visits with Mireya, and for his kind conversations. Thank you to my family for understanding why I spent so much time at my desk. Thank you to my friends and relatives for their encouragement. I am indebted to my friend Miriam Santana-Valadez for Mexican vocabulary assistance. Thanks to my friend Janet Zehr for her help with English words and references to English poetry. Thanks to Juan Liébana and other friends who helped with stubborn words. Thank you to my professor Leon Lyday for assigning me the Maples Arce poem report in class so long ago. Thank you to my professor and mentor Clayton W. Lewis for inspiration to write and translate. Thank you to doña Blanca for her extremely kind and generous support while I knew her; welcoming me into her home, telling me so many stories at her dinner table, opening the Maples Arce library to me. Thank you to Pablo Agrest Berge and Stockcero for bringing this translation to light. And finally, thank you to don Manuel for writing this fascinating poetry for me to read and now to share with others.

MANUEL MAPLES ARCE
LAS SEMILLAS DEL TIEMPO:
POESÍA COMPLETA
1919-1980

If you can look into the seeds of time
And say which grain will grow and which will not,
Speak then to me, who neither beg nor fear
Your favors nor your hate.
        Shakespeare, *Macbeth*, act I, scene III, 58-61

A la memoria de mis padres
Manuel Maples y Adela Arce

MANUEL MAPLES ARCE
THE SEEDS OF TIME:
COMPLETE POETRY
1919-1980

Translated by Diane J. Forbes

If you can look into the seeds of time
And say which grain will grow and which will not,
Speak then to me, who neither beg nor fear
Your favors nor your hate.
    Shakespeare, *Macbeth*, act I, scene III, 58-61

To the memory of my parents
Manuel Maples and Adela Arce

Contenido

Andamios Interiores 40
Vrbe 82
Poemas Interdictos...102
Memorial De La Sangre 150
Poemas No Coleccionados 204

Contents

Inner Scaffolds 41
The City 83
Prohibited Poems 103
Blood Memorial 151
Uncollected Poems 205

Andamios Interiores
Poemas radiográficos
1922

> Verdadero artista es el hombre que cree
> absolutamente en sí, porque él es
> absolutamente él mismo.
> Óscar Wilde

A la que sacudió sobre mi vida una primavera de alas.

Prisma

Yo soy un punto muerto en medio de la hora,
equidistante al grito náufrago de una estrella.
Un parque de manubrio se engarrota en la sombra,
y la luna sin cuerda
me oprime en las vidrieras.
                    Margaritas de oro
                    deshojadas al viento.

La ciudad insurrecta de anuncios luminosos
flota en los almanaques,
y allá de tarde en tarde,
por la calle planchada se desangra un eléctrico.

El insomnio, lo mismo que una enredadera,
se abraza a los andamios sinoples del telégrafo,
y mientras que los ruidos descerrajan las puertas,
la noche ha enflaquecido lamiendo su recuerdo.

El silencio amarillo suena sobre mis ojos.
¡Prismal, diáfana mía, para sentirlo todo!

Inner Scaffolds
X-ray Poems
1922

The true artist is a man who believes
absolutely in himself, because he is
absolutely himself.
   Oscar Wilde

To the one who fluttered a springtime of wings over my life.

Prism

I am a still point at the center of the hour,
equidistant from the cry of a falling star.
A bicycle park crouches in the shadows,
and the unwound moon
presses me to the windowpane.
     Golden daises
      plucked by the wind.

The rebel city of neon signs
floats in the calendars,
and there from time to time,
on the flat-ironed pavement a streetlight bleeds.

Insomnia, like a climbing vine,
hugs the green scaffolding of the telegraph poles,
and while noises break open door locks,
night has grown thin licking the wound of her memory.

Yellowed silence sounds over my eyes.
My diaphanous prism, to feel it all!

Yo departí sus manos,
pero en aquella hora
gris de las estaciones,
sus palabras mojadas se me echaron al cuello,
y una locomotora
sedienta de kilómetros la arrancó de mis brazos.

Hoy suenan sus palabras más heladas que nunca.
¡Y la locura de Edison a manos de la lluvia!

El cielo es un obstáculo para el hotel inverso
refractado en las lunas sombrías de los espejos;
los violines se suben como la champaña,
y mientras las ojeras sondean la madrugada,
el invierno huesoso tirita en los percheros.

Mis nervios se derraman.
                         La estrella del recuerdo
naufraga en el agua
del silencio.
               Tú y yo
                     coincidimos
                     en la noche terrible,
meditación temática
deshojada en jardines.

Locomotoras, gritos,
arsenales, telégrafos.

El amor y la vida
son hoy sindicalistas,

y todo se dilata en círculos concéntricos.

My hands conversed with hers,
but in that gray
hour of the stations,
her wet words grabbed me around the neck,
and a locomotive
thirsty for kilometers wrenched her from my arms.

Today her words sound colder than ever.
And Edison's folly at the hands of the rain!

The sky is an obstacle for the inverted hotel
refracted in the dim glass of the mirrors;
the violins go straight to my head like champagne bubbles,
and while dark-circled eyes plumb the depths of night,
bony winter shivers in the empty coat hangers.

My nerves spill out.
                      The star of memory
sinks into the water
of silence.
              You and I
                    meet
                    in the intense night,
thematic meditation
plucked off in gardens.

Locomotives, cries,
shipyards, telegraphs.

Love and life
today are unionists,

and everything spreads out in concentric circles.

Flores Aritméticas

Esas rosas eléctricas ...

Esas rosas eléctricas de los cafés con música
que estilizan sus noches con "poses" operísticas,
languidecen de muerte, como las semifusas,
en tanto que en la orquesta se encienden anilinas
y bosteza la sífilis entre "tubos de estufa".

Equivocando un salto de trampolín, las joyas
se confunden estrellas de catálogos Osram.
Y olvidado en el hombro de alguna Margarita,
deshojada por todos los poetas franceses,
me galvaniza una de estas pálidas "ísticas"
que desvelan de balde sus ojeras dramáticas,
y un recuerdo de otoño de hospital se me entibia.

Y entre sorbos de exóticos nombres fermentados,
el amor, que es un fácil juego de cubilete,
prende en una absurda figura literaria
el dibujo melódico de un vals incandescente.

El violín se accidenta en sollozos teatrales,
y se atraganta un pájaro los últimos compases.
Este techo se llueve.
La noche en el jardín
se da toques con pilas eléctricas de éter,
y la luna está al último grito de París.
En la sala ruidosa,
el mesero académico descorchaba las horas

Arithmetic Flowers

Those Electric Roses...

Those electric roses of the music cafés
that stylize their nights with operatic poses,
languish moribund, like semiquavers,
while in the orchestra anilines are lit
and syphilis yawns among the stovepipe hats.

Misjudging a springboard dive, their jewels
look like Osram catalogue stars.
And forgotten on the shoulder of some Daisy,
depetaled by all the French poets,
I am galvanized by one of these pale "-istics"
that keep their dramatic dark undereye circles awake free of charge,
and an autumnal hospital memory cools me down.

And between sips of exotic fermented names,
love, which is an easy dice game,
in an absurd literary figure turns on
the melodic sketch of an incandescent waltz.

The violin breaks down in theatrical sobs
and a bird chokes on the last strains.
Leaking through the roof,
night in the garden
powders its nose with ether batteries,
and the moon is wearing the latest fashion craze.
In the noisy ballroom,
the academic waiter uncorked the hours.

Todo en un plano oblicuo ...

En tanto que la tisis –todo en un plano oblicuo—
paseante de automóvil y tedio triangular,
me electrizo en el vértice agudo de mí mismo.
Van cayendo las horas de un modo vertical.

Y simultaneizada bajo la sombra eclíptica
de aquel sombrero unánime,
se ladea una sonrisa,
mientras que la blancura en éxtasis de frasco
se envuelve en una llama d'Orsay de gasolina.

                        Me debrayo en un claro
                        de anuncio cinemático.

Y detrás de la lluvia que peinó los jardines
hay un hervor galante de encajes auditivos;
a aquel violín morado le operan la laringe
y una estrella reciente se desangra en suspiros.

Un incendio de aplausos consume las lunetas
de la clínica, y luego —¡oh anónima de siempre!—
desvistiendo sus laxas indolencias modernas,
reincide –flor de lucro—tras los impertinentes.

                        Pero todo esto es sólo
                        un efecto cinemático,
porque ahora, siguiendo el entierro de coches,
allá de tarde en tarde estornuda un voltaico

All on a Slanting Plane ...

While tuberculosis—all on a slanting plane—
is an automotive passer-by and triangular tedium,
I am electrified in the acute vertex of myself.
The hours fall vertically.

And simultaneized under the ecliptic shade
of that unanimous hat,
a smile tilts,
while the whiteness of bottled ecstasy
is enveloped in a flame of gasoline d'Orsay.

>   I am thrown out of gear in the light
>   of a movie ad.

And behind the rain that combed the gardens
there is a flirtatious bubbling of auditory lace;
they operate on the larynx of that purple violin
and a recent star bleeds to death in sighs.

A blaze of applause consumes the orchestra seats
of the clinic, and then—oh forever anonymous!—
laying bare her lax modern indolence,
a relapse—royal flush—through my opera glasses.[1]

>   But all this is only
>   a cinematic effect,
> because now, following the funeral of cars,

---

[1] "Flor de lucro" could be a reference to a prostitute, but I have preferred to emphasize the possible reference to a winning hand, royal flush or other surprising stroke of luck in a poker game, here in the game of chance of love, and the translation also can be associated with other images in the poem.

sobre las caras lívidas de los "players" románticos,
y florecen algunos aeroplanos de hidrógeno.

En la esquina, un "umpire" de tráfico, a su modo,
va midiendo los "outs", y en este amarillismo,
se promulga un sistema luminista de rótulos.

Por la calle verdosa hay brumas de suicidio.

there from time to time a streetcar wire sneezes
in the pale faces of the romantic players,
and some hydrogen airplanes bloom.

On the corner, a traffic umpire, in his way,
measures the outs, and in this sensationalism,
an illuminist system of signs is proclaimed.

Along the greenish street there is a haze of suicide.

A Veces con la Tarde ...

A veces, con la tarde luida de los bordes,
un fracaso de alas se barre en el jardín.
Y mientras que la vida esquina a los relojes,
se pierden por la acera los pasos de la noche.

                Amarillismo
                gris.

Mis ojos deletrean la ciudad algebraica
entre las subversiones de los escaparates;
detrás de los tranvías se explican las fachadas
y las alas del viento se rompen en los cables.

Siento íntegra toda la instalación estética
lateral a las calles alambradas de ruido,
que quiebran sobre el piano sus manos antisépticas,
y luego se recogen en un libro mullido.

A través del insomnio centrado en las ventanas
trepidan los andamios de una virginidad,
y al final de un acceso paroxista de lágrimas,
llamas de podredumbre suben del bulevar.

Y equivocadamente, mi corazón payaso,
se engolfa entre nocturnos encantos de a 2 pesos:
amor, mi vida, etc., y algún coche reumático
sueña con un voltaico que le asesina el sueño.

Sometimes, with the afternoon ...

Sometimes, with the afternoon worn at the edges,
a calamity of wings is swept away in the garden.
And while life corners the clocks,
on the sidewalk night's footsteps get lost.

        Lurid
           yellow gray.

My eyes spell out the algebraic city
amid shop-window subversions;
behind the streetcars façades are revealed
and the wind's wings break on the cables.

The whole aesthetic installation feels at one
with the streets wired with noise,
which crack their antiseptic knuckles over the piano,
and then gather them in a ragged old book.

Through insomnia centered in the windows
the scaffolds of a virginity tremble,
and at the end of a convulsive fit of tears,
flames of decay rise up from the boulevard.

And mistakenly, my clownish heart
gets lost in nocturnal charms at 2 pesos each:
darling, sweetheart, etc., and some rheumatic car
dreams about a voltaic arc that kills his dream.

Sombra laboratorio. Las cosas bajo sobre.
Ventilador eléctrico, champagne + F. T.
Marinetti = a
                    Nocturno futurista
                    1912.
Y 200 estrellas de vicio a flor de noche
escupen pendejadas y besos de papel.

Laboratory shadow. Things hidden in an envelope.
Electric fan, champagne + F.T.
Marinetti =
                    Futurist nocturne
                    1912.
And 200 stars of vice on the edge of night
spit foolishness and paper kisses.

Voces amarillas

Y nada de hojas secas ...

(La mañana romántica, como un ruido espumoso,
se derrama en la calle de este barrio incoloro
por donde a veces pasan repartiendo programas,
y es una clara música que se oye con los ojos
la palidez enferma de la súper-amada.)

(En tanto que un poeta,
colgado en la ventana,
se muere haciendo gárgaras
de plata
electrizada,
subido a los peldaños de una escala
cromática,
barnizo sus dolencias con vocablos azules,
y anclada en un letargo de cosas panorámicas,
su vida se evapora lo mismo que un perfume.)

—Mi tristeza de antes es la misma de hoy.
—Tú siempre con tus coşas.
　　　　　　　　—¡Oh poeta, perdón!

(En el jardín morado
se rompe el equilibrio fragante de una flor.)

—Sol, blancura, etc., y nada de hojas secas.
—La vida es sólo un grito que se me cuelga al cuello
lo mismo que un adiós.

Yellowed voices

And no more dry leaves ...

(The romantic morning, like a bubbly noise,
spills out into the street of this colorless neighborhood
where sometimes programs are posted,
and the clear music that you hear with your eyes
is the infirm paleness of the super-beloved.)

(While a poet,
hanging out the window,
dies gargling
electrified
silver,
high up on the steps of the chromatic
scale,
I varnish her ailments with charming words,
and anchored in a lethargy of panoramic things,
her life evaporates like a perfume.)

—My sadness from before is the same today.
—It's always the same old thing with you.
                —Oh poet, sorry!

(In the purple garden
the fragrant balance of a flower breaks.)

—Sunshine, whiteness, etc. and no more dry leaves.
—Life is only a cry that hangs around my neck
like a goodbye.

—Hablemos de otra cosa,
te lo ruego.

(Su voz
tiene dobleces románticos de felpa
que estuvo mucho tiempo guardada en naftalina,
y duerme en sus cansancios ingrávidos de enferma,
la elegancia de todas las cosas amarillas.)

(Y mientras la mañana, atónita de espejos,
estalla en el alféizar de la hora vulgar,
el dolor se derrama, lo mismo que un tintero,
sobre la partitura de su alma musical.)

             —Let's talk about something else,
I beg you.

             (Her voice
has romantic plushy folds like velvet
long kept in mothballs,
and sleeping in her weightless invalid fatigue
is the elegance of all things yellowed.)

(And while morning, astonished by mirrors,
shatters on the windowsill of the common hour,
the pain spills, like an inkwell,
onto the score of her musical soul.)

En la dolencia estática ... *

(En la dolencia estática de este jardín mecánico,
el olor de las horas huele a convalecencia,
y el pentagrama eléctrico de todos los tejados
se muere en el alero del último almanaque.

Extasiada en maneras musicales de enferma
inmoviliza un sueño su vertical blancura,
en tanto que un obscuro violín de quinto piso
se deshoja a lo largo de un poema de Schumann,
y en todos los periódicos se ha suicidado un tísico.)
—Hoy pasan los entierros
lo mismo que en otoño.
                      —Ese tema no es tema
de primavera.

(En el jardín hay cinco centavos de silencio.)

—Quiero un poco de sol azucarado.
—Tú pides imposibles.
                      —Mira mis manos mustias,
mis dedos casi yertos ...
(Mientras medito un lento compás de 3 X 4)

—¡Oh virgen supertónica!
                      —Soy sólo una quimera,
se dijo murmurando.
(Y en esta tarde lírica

---

* versión publicada en *Las semillas del tiempo* (1981).

In the Static Malady ...*

(In the static malady of this mechanical garden,
the scent of the hours smells of convalescence,
and the electric music staff of all the roofs
dies in the eaves of the last calendar.

Lost in infirm musical ways
her vertical whiteness immobilizes a dream,
while an obscure fifth-floor violin
sheds its leaves onto a poem by Schumann,
and in all the newspapers a consumptive has committed suicide.)
—Today the funerals go by
the same as in autumn.
      —That theme is not a theme
of springtime.

(In the garden there are five cents of silence.)

—I want a little sugared sun.
—You ask the impossible.
      —Look at my withered hands,
my rigid fingers ...
(While I meditate on a slow ¾ beat)

—Oh supertonic virgin!
      —I am only a chimera,
she murmured to herself.
(And in this lyrical afternoon

---

 * Version printed in *Las semillas del tiempo* (1981). Original follows.

    85-74, señorita ...
la primavera pasa en motocicleta,
y al oro moribundo, historiada de cintas,
lo mismo que un refajo se seca mi tristeza.)

85-74, mademoiselle ...
spring goes by on a motorcycle,
and in the dying sun, adorned with ribbons,
like bubbles on foam my sadness fades away.)

En la dolencia estática ... **

(En la dolencia estática de este jardín mecánico,
el olor de las horas huele a convalecencia,
y el pentagrama eléctrico de todos los tejados
se muere en el alero del último almanaque.

Extraviada en maneras musicales de enferma
inmoviliza un sueño su vertical blancura,
en tanto que un obscuro violín de quinto piso
se deshoja a lo largo de un poema de Schumann,
y en todos los periódicos se ha suicidado un tísico.)

—Hoy pasan los entierros, como un cuento de ojeras,
lo mismo que en otoño.
                      —Ese tema, no es tema
de primavera. Ya ves lo que dice el médico!)

(En el jardín hay 5 centavos de silencio.)

—Entonces, quiero un poco de sol azucarado.
—Ya vuelves con tu acústica.
                      —Pues mírame las manos.
Mis dedos caligráficos se han vuelto endecasílabos.

(Y meditando un lento compás de 3 por 4:)

—¡Oh tus cosas melódicas!
                    —¡Soy un frasco de música!

**   versión publicada en *Andamios Interiores* (1922).

IN THE STATIC MALADY…**

(In the static malady of this mechanical garden,
the scent of the hours smells of convalescence,
and the electric music staff of all the roofs
dies in the eaves of the last calendar.

Lost in infirm musical ways
her vertical whiteness immobilizes a dream,
while an obscure fifth-floor violin
sheds its leaves onto a poem by Schumann,
and in all the newspapers a consumptive has committed suicide.)

—Today the funerals go by, like a ghost story,
the same as in autumn.
              —That theme, is not a theme
of springtime. You see what the doctor says!

(In the garden there are 5 cents of silence.)

—Then, I want a little sugared sun.
—There you go again with your acoustics.
              —Well, look at my hands.
My calligraphic fingers have become hendecasyllables.

(And meditating a slow ¾ : beat)

—Oh your melodic bunk!
              —I am a flask of music!-

** Original version printed in *Andamios Interiores* (1922).

(Y en esta tarde lírica
                    85-74, señorita ...
la primavera pasa como en motocicleta,
y al oro moribundo, historiada de cintas,
lo mismo que un refajo se seca mi tristeza.)

(And in this lyrical afternoon
                85-74, mademoiselle...
spring goes by like on a motorcycle,
and in the dying sun, adorned with ribbons,
like bubbles on foam my sadness fades away.)

Por las horas de cuento ...

Por las horas de cuento de estos parques sin rosas,
ambulan, un diptongo de ensueño, nuestras sombras.

Y en tanto que algún piano fantástico, desvela
los bemoles románticos de un estudio sin luna,
sus ojos se adormecen en un cansancio de felpa,
como si estuviera muriendo de blancura.

(Y después, quedamente:)
                    —¿Amor, oyes las hojas?
—¡Si no es eso!
                    —¿Entonces?
                    —Tal vez es una enferma
que llora con Beethoven...

(Y seguimos del brazo nuestro obscuro diptongo,
por los parques afónicos,
lacrimeantes de oro...)

—¡Me quisiera morir!
            —¡No digas esas cosas
que me hacen tanto mal!
                    —Si la vida es tan triste!
—Pero no pienses eso.
                    —Si la vida es tan triste!
—Me duele el corazón cuando tú estás así.
Doblaremos la hoja.
            (Y sobre el mismo tema,

At story-telling time ...

At story-telling time in these roseless parks,
our shadows, a dreamy diphthong, stroll.

And while some ghostly piano keeps
the romantic flat notes of a moonless etude awake,
her eyes get drowsy in a velvet tiredness,
as if she were dying of whiteness.

(And later, quietly:)
                          —Darling, do you hear the leaves?
—That's not what it is!
              —Then what?
                      —Maybe it's someone sickly
who's crying over Beethoven ...

(And we continue arm in arm our dark diphthong,
through the voiceless parks
of golden tears ...)

—I want to die!
              —Don't say those things,
they bother me so much!
          —Life is so sad!
—But don't think that.
          —Life is so sad!
—My heart aches when you're like that.
Let's change the subject.
              (Still on the same topic,

su voz, casi ojerosa:)
                    —¡Me quisiera morir!
¡Me quisiera morir!

(Y en el cloroformado cansancio de la sombra,
nuestras 2 vidas juntas, por el parque sin rosas,
se pierden en la noche romántica de otoño
ambulando en silencio la teoría de un diptongo.)

her voice, almost exhausted:)
                —I want to die!
I want to die!

(And in the chloroformed fatigue of the shadows,
our 2 lives together, through the roseless park,
disappear in the romantic autumn night,
strolling in silence the theory of a diphthong.)

Perfumes Apagados

Al margen de la lluvia ...

Al margen de la lluvia en los cafés insomnes,
los perfiles se duermen en las láminas sordas.
Y es ahora que todo coincide en los relojes:
mi corazón nostálgico ardiéndose en la sombra.

Después de los vulgares asombros del periódico
en que sólo se oye el humo de las pipas,
florecen a intervalos las actitudes lívidas
retropróximamente de los paraguas cónicos.

Deduzco de la lluvia que esto es definitivo.
¿Quién está en el manubrio? Hay un corto circuito.

La trama es complicado siniestro de oficina,
y algunas señoritas,
literalmente teóricas,
se han vuelto perifrásticas, ahora en re bemol,
con abandonos táctiles sobre el papel de lija.

Explotan las estrellas
eléctricas en flor.
Pero más que todo esto, en el sintaxicidio
de unos cuantos renglones desgarrados de adioses:
¡oh su carne amarilla!
¡mis dedos retroactivos!
     (En el piano automático
     se va haciendo de noche.)

Faded Perfumes

Inside from the rain ...

Inside from the rain in the insomniac cafés,
silhouettes nod off in the windows' muffled torrents.
And it is now that everything coincides in the clocks:
my nostalgic heart smoldering in the shadows.

After the tabloid newspaper scandals
in which you hear only pipe smoke,
the livid attitudes of conical umbrellas
retrosoon blossom at intervals.

I deduce from the rain that this is permanent.
Who is at the wheel? There's a short circuit.

The plot is a sinister office complication,
and some young ladies,
literally theoretical,
have become periphrastic, now in D flat,
with tactile abandon on emery boards.

Electric stars
explode in flower.
But more than all this, in the syntaxicide
of a few lines torn apart by goodbyes:
oh her pale flesh!
my retroactive fingers!
    (On the automatic piano
    night is falling.)

Y en el mismo declive del interior romántico,
me interrumpo en un faro de automóvil, en tanto,

—bohemios romboidales—mi corazón se llueve;
la tarde en las vidrieras traquetea como un tren,
y mi dolor naufraga, definitivamente,
en la literatura de todos los "ayer."

And waning like the romantic interior,
I am interrupted in the headlight of a motorcar, as

–rhomboidal bohemians—my heart springs a leak;
the afternoon in the windows rattles like a train,
and my pain sinks, finally,
into the literature of all the "yesterdays".

Tras los adioses últimos ...

Tardes alcanforadas en vidrieras de enfermo,
tras los adioses últimos de las locomotoras,
y en las palpitaciones cardíacas del pañuelo
hay un desgarramiento de frases espasmódicas.

El ascensor eléctrico y un piano intermitente
complican el sistema de la casa de "apartments",
y en el grito morado de los últimos trenes
intuyo la distancia.

A espaldas de la ausencia se demuda el telégrafo.
Despachos emotivos desangran mi interior.

Sugerencia, L-10 y recortes de periódicos;
¡oh dolorosa mía,
tú estás lejos de todo,
y estas horas que caen amarillean la vida!

En el fru-fru inalámbrico del vestido automático
que enreda por la casa su pauta seccional,
incido sobre un éxtasis de sol a las vidrieras,
y la ciudad es una ferretería espectral.

                    Las canciones domésticas
                    de codos a la calle.

(¡Ella era un desmayo de prestigios supremos
y dolencias católicas de perfumes envueltos

After the last goodbyes ...

Afternoons camphorated in invalid windows,
by the locomotives' last goodbyes,
in the cardiac palpitations of a handkerchief
there is a rending of spasmodic expressions.

The electric elevator and an intermittent piano
clutter the apartment house system,
and in the purple cry of the last trains
I sense the distance.

With its back turned to absence a telegraph goes mute.
Emotional dispatches drain the blood out of me.

Advice, L-10 and newspaper clippings;
oh my heartbreak,
you are far away from everything,
and these falling hours sadden life.

In the wireless rustle of her automatic dress
which winds its pattern through the house,
I happen upon an ecstasy of sun in the windows,
and the city is a ghostly hardware store.

                Domestic songs
                on elbows toward the street.

(She was a swoon of supreme prestige
and catholic ailments of perfumes wrapped

a través de mis dedos!)

Accidente de lágrimas. Locomotoras últimas
renegridas a fuerza de gritarnos adiós,
y ella en 3 latitudes, ácida de blancura,
derramada en silencio sobre mi corazón.

around my fingers!)

Accidental tears. Last locomotives
blackened from shouting goodbye to us,
and she in 3 latitudes, whiteness acid
spilled in silence over my heart.

Como una gotera ...

Como una gotera de cristal, su recuerdo,
agujera el silencio
de mis días amarillos.

Tramitamos palabras
por sellos de correo,
y la vida automática
se asolea en los andamios de un vulgar rotativo.

Las canciones florecen
a través de la lluvia,
en la tarde vacía, sin teclado y sin lágrimas.

Los tranvías se llevaron las calles cinemáticas
empapeladas de ventanas.

Mis besos apretados
florecían en su carne.

Aquel adiós, el último,
fue un grito sin salida.

La ciudad paroxista
nos llegaba hasta el cuello,
y un final de kilómetros subrayó sus congojas.

¡Oh el camino de hierro!
                          Un incendio de alas

LIKE RAINDROPS …

Like raindrops on a window, her memory
perforates the silence
of my yellowed days.

We relay words
via postage stamps,
and automatic life
sunbathes on the scaffolds of a tabloid newspaper.

Songs blossom
through the rain,
in the empty afternoon, without keyboard and without tears.

Streetcars carried away cinematic streets
wallpapered with windows.

My ardent kisses
blossomed on her skin.

That goodbye, the last one,
was a dead-end cry.

We were up to our necks
in the convulsive city,
and a finale of kilometers accented her distress.

Oh road of iron!
                    A blaze of wings

a través del telégrafo.
Trágicas chimeneas
agujeran el cielo.
¡Y el humo de las fábricas!

(Así, todo, de lejos, se me dice como algo
imposible que nunca he tenido en las manos.)

Un piano tangencial se acomoda en la sombra
del jardín inconcreto; los interiores todos
se exponen a la lluvia –selecciones de ópera—.
En las esquinas nórdicas hay manifiestos rojos.

through telegraph wires.
Tragic chimneys
pierce the sky.
And the factory smoke!

(So, everything, from a distance, seems like something
impossible that I've never held in my hands.)

A tangential piano settles down in the shade
of the misty garden; its insides
are exposed to the rain—opera selections—.
On the northern corners there are red manifestos.

Vrbe
Súper-poema bolchevique
en 5 cantos

1924

A los obreros de México

I

He aquí mi poema
brutal
y multánime
a la nueva ciudad.

                Oh ciudad toda tensa
                de cables y de esfuerzos,
                sonora toda
                de motores y de alas.

                Explosión simultánea
                de las nuevas teorías,
                un poco más allá
En el plano espacial
                de Whitman y de Turner
                y un poco más acá
                de Maples Arce.

Los pulmones de Rusia
soplan hacia nosotros
el viento de la revolución social.

THE CITY
Bolshevik super-poem
in 5 cantos

1924

To the workers of Mexico

I

Here is my
brutal, multanimous
poem
to the new city.

        Oh city all tense
        with cables and sweat,
        all loud
        with motors and wings.

        Simultaneous explosion
        of new theories,
        a little farther out
In the spatial plane
        from Whitman and Turner
        and a little closer
        to Maples Arce.

The lungs of Russia
blow toward us
the winds of social revolution.

Los asalta-braguetas literarios
nada comprenderán
de esta nueva belleza
sudorosa del siglo,

      y las lunas
      maduras
      que cayeron,
      son esta podredumbre
      que nos llega
      de las atarjeas intelectuales.
He aquí mi poema:
      ¡Oh ciudad fuerte
      y múltiple,
      hecha toda de hierro y de acero!

Los muelles. Las dársenas.
Las grúas.
    Y la fiebre sexual
    de las fábricas.
    Vrbe:
      Escoltas de tranvías
      que recorren las calles subversistas.
      Los escaparates asaltan las aceras,
      y el sol, saquea las avenidas.
      Al margen de los días
      tarifados de postes telefónicos
      desfilan paisajes momentáneos
      por sistemas de tubos ascensores.

Súbitamente,
¡oh el fogonazo

The literary breech-grabbers
will understand nothing
of this new beauty
all sweaty with the century,

                        and the ripe
                        moons
                        that fell,
                        are this decay
                        that comes to us
                        from the intellectual sewers.
Here is my poem:
                        Oh strong
                        and multiple city,
                        made all of iron and steel!

The piers. The docks.
The cranes.
            And the sexual fever
            of the factories.
            City:
                        Streetcar convoys
                        patrol subversive streets.
                        Shop-windows assault sidewalks,
                        and the sun ransacks avenues.
                        On the edge of days
                        taxed with telephone poles
                        momentary landscapes parade by
                        in systems of elevator tubes.

Suddenly,
oh the green

verde de sus ojos!

Bajo las persianas ingenuas de la hora
pasan los batallones rojos.
El romanticismo caníbal de la música yankee
ha ido haciendo sus nidos en los mástiles.
¡Oh ciudad internacional!
¿Hacia qué remoto meridiano
cortó aquel trasatlántico?
Yo siento que se aleja todo.
Los crepúsculos ajados
flotan entre la mampostería del panorama.
Trenes espectrales que van
hacia allá
lejos, jadeantes de civilizaciones.

                        La multitud desencajada
                           chapotea musicalmente en las calles.

Y ahora, los burgueses ladrones, se echarán a temblar
por los caudales
que robaron al pueblo,
pero alguien ocultó bajo sus sueños
el pentagrama espiritual del explosivo.

He aquí mi poema:
Gallardetes de hurras al viento,
cabelleras incendiadas
y mañanas cautivas en los ojos.

                        ¡Oh ciudad
                        musical

flash of her eyes!

Below the naïve shutters of the hour
red battalions go by.
The cannibal romanticism of Yankee music
has been building nests in the masts.
Oh international city!
Towards what remote meridian
did that ocean liner go?
I feel everything slipping away.
Languid sunsets
float among the panorama's masonry.
Ghostly trains head out
into the distance,
gasping with civilizations.

                        The wild multitude
                        splashes about musically in the streets.

And now, the bourgeois thieves will start to tremble
over the wealth
they stole from the people,
but someone hid under their dreams
the spiritual pentagram of explosives.

Here is my poem:
Streamers of hurrahs in the wind,
flaming tresses
and captive tomorrows in their eyes.

                        Oh musical
                        city

                hecha toda de ritmos mecánicos!

Mañana, quizás,
sólo la lumbre viva de mis versos
alumbrará los horizontes humillados.

II

Esta nueva profundidad del panorama
es una proyección hacia los espejismos interiores.

La muchedumbre sonora
hoy rebasa las plazas comunales
y los hurras triunfales
del obregonismo
reverberan al sol de las fachadas.

¡Oh muchacha romántica
flamarazo de oro!

                Tal vez entre mis manos
                  sólo quedaron los momentos vivos.
Los paisajes vestidos de amarillo
se durmieron detrás de los cristales,
y la ciudad, arrebatada,
se ha quedado temblando en los cordajes.
Los aplausos son aquella muralla.

—¡Dios mío!
                —No temas, es la ola romántica de las multi-
                tudes.
Después, sobre los desbordes del silencio,

                    made all of mechanical rhythms!

Perhaps tomorrow
only the warm glow of my verses
will light the humbled horizons.

II

This new depth of panorama
is a projection towards inner mirages.

The noisy crowd
today overflows the city squares
and the triumphant cheers
of the Obregón supporters
reverberate in the sun on the façades.

Oh romantic girl,
blaze of gold!

                    Maybe only the vivid moments
                    remained in my hands.
Landscapes dressed in yellow
fell asleep behind the windows,
and the city, overtaken
and roped off, trembles.
The applause, like a wall, is impassable.

"My God!"
                    "Don't be afraid, it's the crowd, a romantic
                    wave of people."
Later, above the overflowing silence,

la noche tarahumara irá creciendo.
                    Apaga tus vidrieras.
Entre la maquinaria del insomnio,
la lujuria, son millones de ojos
que se untan en la carne.

                    Un pájaro de acero
                    ha emprorado su norte hacia una estrella.
El puerto:
                    lejanías incendiadas,
                    el humo de las fábricas.
                    Sobre los tendederos de la música
                    se asolea su recuerdo.
Un adiós trasatlántico saltó desde la borda.

Los motores cantan
sobre el panorama muerto.

III

La tarde, acribillada de ventanas,
flota sobre los hilos del teléfono,
y entre los atravesaños
inversos de la hora
se cuelgan los adioses de las máquinas.

                    Su juventud maravillosa
                    estalló una mañana
                    entre mis dedos,
                    y en el agua vacía
                    de los espejos,
                    naufragaron los rostros olvidados.

the Tarahumara night will grow.
                      Turn off your shop windows.
Among insomnia's machinery,
lechery is a million eyes
that smear themselves onto flesh.

                A bird of steel
                has set its prow northward toward a star.
The port:
                flames in the distance,
                factory smoke.
                Hanging on the musical clotheslines
                its memory sunbathes.
A transatlantic goodbye jumped overboard.

Motors sing
over the still panorama.

III

The afternoon, riddled with windows,
floats on the telephone wires,
and on the inverse
crossbeams of the hour
the machines' goodbyes hang.

                Her wonderful youth
                exploded one morning
                in my fingers,
                and in the empty water
                of the mirrors,
                forgotten faces shipwrecked.

¡Oh la pobre ciudad sindicalista
andamiada
de hurras y de gritos!

           Los obreros
           son rojos
           y amarillos.

Hay un florecimiento de pistolas
después del trampolín de los discursos,
y mientras los pulmones
del viento
se supuran,
perdida en los obscuros pasillos de la música
alguna novia blanca
se deshoja.

IV

Entre los matorrales del silencio
la obscuridad lame la sangre del crepúsculo.
Las estrellas caídas,
son pájaros muertos
en el agua sin sueño
del espejo.

Y las artillerías
sonoras del Atlántico
se apagaron,
al fin,
en la distancia.

Oh the poor labor union city
scaffolded
with cheers and shouts!

        The workers
        are red
        and yellow.

There is a flourishing of pistols
after the springboard of speeches,
and while the wind's
lungs
fester,
lost in the dark hallways of music
some pure girlfriend
is depetaled.

IV

In the thickets of silence
darkness licks the sunset's blood.
The fallen stars
are dead birds
in the sleepless water
of the mirror.

And the loud
artilleries of the Atlantic
have finally
ceased,
in the distance.

                    Sobre la arboladura del otoño,
                    sopla un viento nocturno:
                    es el viento de Rusia,
                    de las grandes tragedias,
y el jardín,
amarillo,
se va a pique en la sombra.
Súbito, su recuerdo,
chisporrotea en los interiores apagados.

                    Sus palabras de oro
                    criban en mi memoria.

Los ríos de blusas azules
desbordan las esclusas de las fábricas,
y los árboles agitadores
manotean sus discursos en la acera.
Los huelguistas se arrojan
pedradas y denuestos,
y la vida, es una tumultuosa
conversión hacia la izquierda.

Al margen de la almohada,
la noche, es un despeñadero:
y el insomnio,
se ha quedado escarbando en mi cerebro.

¿De quién son esas voces
que sobrenadan en la sombra?

                    Y estos trenes que aúllan
                    hacia los horizontes devastados.

                Over autumn's masts,
                a nocturnal wind blows:
                it is the wind from Russia,
                of the great tragedies,
and the garden,
yellowing,
sinks into the shadows.
Suddenly, her memory
sparks in the darkened interiors.

                Her golden words
                sift through my memory.

Rivers of blue shirts
overflow the factories' floodgates,
and agitator trees
slap their speeches on the sidewalk.
Strikers hurl
stones and insults,
and life is a riotous
conversion to the left.

On the edge of the pillow,
night is a precipice;
and insomnia
has stayed scratching my brain.

Whose voices are those
that float in the shadows?

                And these trains that howl
                toward the devastated horizons.

Los soldados
dormirán esta noche en el infierno.

¡Dios mío!
Y de todo este desastre,
sólo unos cuantos pedazos
blancos
de su recuerdo,
se me han quedado entre las manos.

V

Las hordas salvajes de la noche
se echaron sobre la ciudad amedrentada.

La bahía,
florecida
de mástiles y lunas,
se derrama
sobre la partitura
ingenua de sus manos,
y el grito lejano
de un vapor,
hacia los mares nórdicos.

¡Adiós
al continente naufragado!

Entre los hilos de su nombre
se quedaron las plumas de los pájaros.

Pobre Celia María Dolores;

> The soldiers
> will sleep in hell tonight.

My God!
And from all this disaster,
only a few white
pieces
of its memory
have remained in my hands.

V

The savage hordes of night
threw themselves onto the terrified city.

The bay,
blossomed
in masts and moons,
spills over
onto the naïve
musical score of her hands
and the distant cry
of a steamship
heads toward the northern seas.

> Goodbye
> to the shipwrecked continent!

Bird feathers are left hanging
in the wires of her name.

Poor Celia María Dolores;

el panorama está dentro de nosotros.
Bajo los hachazos del silencio
las arquitecturas de hierro se devastan.
Hay oleadas de sangre y nubarrones de odio.

        Desolación.

        Los discursos marihuanos
        de los diputados
salpicaron de mierda su recuerdo.
pero,
sobre las multitudes de mi alma
se ha despeñado su ternura.

Ocotlán
allá lejos.

Voces.
        Los impactos picotean sobre
        las trincheras.

La lujuria apedreó toda la noche
los balcones a obscuras de una virginidad.

La metralla
hace saltar pedazos del silencio.

Las calles
sonoras y desiertas,
son ríos de sombra
que van a dar al mar,
y el cielo, deshilachado,

the panorama is inside ourselves.
Beneath the axe blows of silence
the iron architectures are devastated.
There are waves of blood and storm clouds of hate.

        Desolation.

        The marihuana speeches
        of the congressmen
splashed her memory with crap,
but,
her tenderness has fallen headlong
over the multitudes of my soul.

Ocotlán [2]
there in the distance.

Voices.
        Gunshots peck on
        the trenches.

All night long lechery stoned
the dark balconies of a virginity.

Shrapnel
kicks up pieces of silence.

The reverberating deserted
streets
are rivers of darkness

---

[2] Ocotlán is a town near Guadalajara that became the center of the Cristero Rebellion.

es la nueva
bandera
que flamea
sobre la ciudad.

that flow to the sea,
and the sky, ragged,
is the new
flag
that flutters
over the city.

Poemas Interdictos
1927

> El estremecimiento es la parte mejor de la humanidad.
> Goethe

Canción desde un aeroplano

Estoy a la intemperie
de todas las estéticas;
operador siniestro
de los grandes sistemas,
tengo las manos
llenas
de azules continentes.

Aquí, desde esta borda,
esperaré la caída de las hojas.
La aviación
anticipa sus despojos,
y un puñado de pájaros
defiende su memoria.

Canción
florecida
de las rosas aéreas,
propulsión
entusiasta
de las hélices nuevas,
metáfora inefable despejada de alas.

Prohibited Poems
1927

Trembling with emotion is the best part of humanity.
Goethe

Song from an Airplane

I am exposed to the elements
of all aesthetics;
sinister operator
of the great systems,
my hands are
full
of blue continents.

Here, aboard,
I will await the fall of leaves.
Aviation
anticipates their shedding,
and a fistful of birds
defends their memory.

Song
blossomed
from compass roses,
propulsion
enthusiast
of new propellers,
ineffable metaphor unencumbered by wings.

Cantar.
                Cantar.
Todo es desde arriba
equilibrado y superior,
y la vida
es el aplauso que resuena
en el hondo latido del avión.

Súbitamente
el corazón
voltea los panoramas inminentes;
todas las calles salen hacia la soledad de los horarios;
subversión
de las perspectivas evidentes;
looping the loop
en el trampolín romántico del cielo,
ejercicio moderno
en el ambiente ingenuo el poema;
la Naturaleza subiendo
el color del firmamento.

Al llegar te entregaré este viaje de sorpresas,
equilibrio perfecto de mi vuelo astronómico;
tú estarás esperándome en el manicomio de la tarde,
así, desvanecida de distancias,
acaso lloras sobre la palabra otoño.

Ciudades del norte
                de la América nuestra,
tuya y mía;
        New-York,
        Chicago,

Sing.
                Sing.
Everything from above is
balanced and superior,
and life
is the applause that echoes
in the deep heartbeat of the plane.

Suddenly
my heart
overturns imminent panoramas;
all roads lead to the loneliness of schedules;
subversion
of the obvious perspectives;
looping the loop
in the romantic springboard of the sky,
modern exercise
in the ingenuous atmosphere of the poem;
Nature intensifying
the color of the firmament.

Upon arrival I will hand you this journey of surprises,
perfect equilibrium of my astronomic flight;
you will be waiting for me in the asylum of the afternoon,
so, swooning from distances,
you might cry over the word autumn.

Cities of the north
                of our America,
yours and mine
        New York,
        Chicago,

Baltimore.

Reglamenta el gobierno los colores del día,
puertos tropicales
del Atlántico,
azules litorales
del jardín oceanográfico,
donde se hacen señales
los vapores mercantes;
palmeras emigrantes,
río caníbal de la moda,
primavera, siempre tú, tan esbelta de flores.

País donde los pájaros hicieron sus columpios.
Hojeando tu perfume se marchitan las cosas,
y tú lejanamente sonríes y destellas,
¡oh novia electoral, carroussel de miradas!
lanzaré la candidatura de tu amor
hoy que todo se apoya en tu garganta,
la orquesta del viento y los colores desnudos.
Algo está aconteciendo allá en el corazón.

Las estaciones girando
mientras capitalizo tu nostalgia,
y todo equivocado de sueños y de imágenes;
la victoria alumbra mis sentidos
y laten los signos del zodíaco.

Soledad apretada contra el pecho infinito.
De este lado del tiempo,
sostengo el pulso de mi canto;
tu recuerdo se agranda como un remordimiento,
y el paisaje entreabierto se me cae de las manos.

Baltimore.

The government regulates the colors of the day,
tropical ports
of the Atlantic,
blue coastlines
of the oceanographic garden,
where merchant steamships
send signals;
emigrant palm trees,
cannibal river of fashion,
spring, always you, so svelte in flowers.

Country where birds made their swings.
A flutter of your perfume makes things wilt,
and you distantly smile and sparkle,
oh electoral bride, carrousel of glances!
I will launch the candidacy of your love
today when everything rests on your throat,
orchestra of wind and pale colors.
Something is happening there in my heart.

Seasons swirling
while I capitalize on your nostalgia,
dreams and images all mixed up;
victory lights up my senses
and the signs of the zodiac throb.

Loneliness clutched to my infinite heart.
From this side of time,
I sustain the pulse of my song;
your memory grows like remorse,
and the half-open landscape falls from my hands.

T. S. H.

Sobre el despeñadero nocturno del silencio
las estrellas arrojan sus programas,
y en el audión inverso del ensueño,
se pierden las palabras
olvidadas.

        T. S. H.
        de los pasos
        hundidos
        en la sombra
        vacía de los jardines.

El reloj
de la luna mercurial
ha ladrado la hora a los cuatro horizontes.

        La soledad
        es un balcón
        abierto hacia la noche.

¿En dónde estará el nido
de esta canción mecánica?
Las antenas insomnes del recuerdo
recogen los mensajes
inalámbricos
de algún adiós deshilachado

        Mujeres naufragadas

T.S.H. *

Over the nocturnal precipice of silence
stars throw their programs,
and in the inverted audion of dream,
forgotten words are
lost.

        T.S.H.
        of steps
        sunken
        in the empty
        shade of gardens.

The mercurial moon
clock
has barked the hour to the four horizons.

        Loneliness
        is a balcony
        open to the night.

Where could the nest
of this mechanical song be?
Memory's insomniac antennas
gather wireless
messages
from some unraveling goodbye.

---

*   Telefonía Sin Hilos / Wireless Telephony

que equivocaron las direcciones
trasatlánticas;
y las voces
de auxilio
como flores
estallan en los hilos
de los pentagramas
internacionales.

El corazón
me ahoga en la distancia.

Ahora es el "Jazz-Band"
de Nueva York;
son los puertos sincrónicos
florecidos de vicio
y la propulsión de los motores.

Manicomio de Hertz, de Marconi, de Edison!

El cerebro fonético baraja
la perspectiva accidental
de los idiomas.
Hallo!

        Una estrella de oro
        ha caído en el mar.

          Shipwrecked women
who mixed up transatlantic
directions;
and their cries
for help
like flowers
explode in the wires
of the international
music staffs.

My heart
drowns me in the distance.

Now it's the "Jazz-Band"
of New York;
synchronic ports
blossomed with vice
and motor propulsion.

Nuthouse of Hertz, of Marconi, of Edison!

The phonetic brain shuffles
the accidental perspective
of languages.
Hallo!

          A golden star
          has fallen into the sea.

Primavera

El jardín alusivo se envaguece de esperas
y el corazón despierta a las últimas cosas.

Un soplo de radiolas
avienta hacia nosotros
sus rumores de vidrio.

Los poetas comentan la renuncia del día.
Las calles vagabundas regresan del exilio.

Una tenue esperanza me llevó a sus caricias;
su imagen repentina me estremece en lo hondo;
anida su blancura en la tarde latente,
y mientras que desciñe su busto de suspiros
los árboles alumbran nuestro secreto cósmico.

La ausencia es el perfume que me deja en el pecho.
La pierdo en la espesura
de la vida moderna,
y nuevamente vuelvo,
al campo de deportes con sus lunas auténticas.

Apuesto a su sonrisa en el juego de pókar,
lecturas de la música anegadas de lágrimas.

Cuando pongo en sus manos
el cheque de mi adiós,
los expresos sonámbulos

Spring

The allusive garden fades from waiting
and the heart awakens at the latest things.

A breath of sunlight
blows toward us
its glassy rustle.

Poets comment on the day's resignation.
Vagabond streets return from exile.

A tenuous hope leads me to her caresses;
her sudden image shakes me to the core;
her whiteness nests in the latent afternoon,
and while she loosens her sighing bust
the trees light the way for our cosmic secret.

Absence is the perfume that she leaves on my chest.
I lose her in the thickness
of modern life,
and I return again,
to the sports field with its genuine moons.

I bet her smile in the poker game,
musical recitals flooded with tears.

When I hand her
the check of my goodbye,
the sleepwalking express trains

despiden nuestras sombras,
y el mareo de los puertos dentro del corazón.

(Solfea la primavera
sus lecciones.)

De pronto el desenlace obscuro de la célula.

Transaré con los pájaros su recuerdo sangrante.

escort out our shadows
and the seasickness in our heart.

(Spring do-re-mi-s
its lessons.)

Suddenly the dark denouement of the cell.

I will haggle with the birds her painful memory.

80 H.P.

Pasan las avenidas del otoño
bajo los balcones marchitos de la música,
y el jardín es como un destello rojo
entre el aplauso burgués de las arquitecturas.

Esquinas flameadas de ponientes.

        El automóvil sucinto
        tiene a veces
        ternuras
        minerales.

        Para la amiga interferente
        entregada a las vueltas del peligro;

he aquí su sonrisa equilibrista,
sus cabellos boreales,
y sobre todo, el campo,
desparramado de caricias.

Países del quitasol

                nuevo
—espectáculo   mundo
exclusivo-   latino
                de sus ojos.

80 H.P. *

The avenues of autumn pass
below the wilted balconies of music,
and the garden is like a red spark
in the midst of the bourgeois applause of architecture.

Corners blazing with sunsets.

        The succinct automobile
        has at times
        mineral
        tenderness.

        For the meddling friend
        given to turns of danger;

here is her acrobat smile,
her boreal tresses,
and above all, the open country,
scattered with caresses.

Parasol countries

                new
–exclusive   Latin
performance– world
                of her eyes.

---

*   80 Horse Power

En el motor { (El corazón apretado
hay la misma canción.   como un puño)

A veces pasan ráfagas, paisajes estrujados.

        y por momentos
        el camino es angosto como un sueño.

    Entre sus dedos
    se deshoja
    la rosa
    de los vientos.

Los árboles turistas
a intervalos
regresan con la tarde.

Se van
quedando

atrás
los arrabales
del recuerdo

    —oh el alegre motín de su blancura!-

    Tacubaya,
    San Ángel,   { Pequeños
    Mixcoac.   alrededores de la música.

The same song   { (My heart tight
is playing in the motor.   as a fist)

Sometimes there are gusts of wind, crumpled landscapes,

       and for moments
       the road is as narrow as a dream.

With her fingers
she plucks
the compass
rose.

The tourist trees
at intervals
return with the evening.

The outskirts
of memory

one by one
stay
behind.

   –oh the happy riot of their whiteness!–

   Tacubaya
   San Ángel,   { Small
   Mixcoac.   suburbs of music.

Después
sólo las praderas   del tiempo

Allá lejos
    ejércitos
            de la noche
                    nos esperan.

Later,
only the fields of time.

In the distance
    armies
        of the night
            await us.

Puerto

Llegaron nuestros pasos hasta la borda de la tarde;
el Atlántico canta debajo de los muelles,
y presiento un reflejo de mujeres
que sonríen al comercio
de los países nuevos.

El humo de los barcos
desmadeja el paisaje;
brumosa travesía
florecida de pipas,
¡oh rubia transeúnte de las zonas marítimas!
de pronto, eres la imagen
movible del acuario.

Hay un tráfico ardiente de avenidas
frente al hotel abanicado de palmeras.

Te asomas por la celosía
de las canciones
al puerto palpitante de motores
y los colores de la lejanía
me miran en tus tiernos ojos.

Entre las enredaderas venenosas
que enmarañan el sueño
recojo sus señales amorosas;
la dicha nos espera
en el alegre verano de sus besos;

Port

Our steps arrived at the edge of evening;
the Atlantic sings beneath the docks,
and I sense a reflection of women
who smile at the commerce
of the new countries.

The ships' smoke
exhausts the landscape;
foggy crossing
blossomed with pipes,
oh blonde visitor from the harbor zones!
suddenly, you are the floating
image of the aquarium.

There are avenues burning with traffic
in front of the hotel fanned by palm trees.

You peek out through the shutter
of songs
at the port throbbing with motors
and the colors of the distance
look at me in your tender eyes.

From among the venomous climbing vines
that entangle sleep
I gather her amorous signals;
joy awaits us
in the happy summer of her kisses;

la arrodilla el océano de caricias,
y el piano
es una hamaca en la alameda.

Se reúne la luna allá en los mástiles,
y un viento de ceniza
me arrebata su nombre;
la navegación agitada de pañuelos,
y los adioses surcan nuestros pechos,
y en la débil memoria de todos estos goces,
sólo los pétalos de su estremecimiento
perfuman las orillas de la noche.

the ocean of caresses brings her to her knees,
and the piano
is a hammock in the park.

The moon returns to the topmasts,
and a wind of ashes
snatches her name from me;
the agitated navigation of hankies
and goodbyes furrow our hearts,
and in the faint memory of all these pleasures,
only the petals of her trembling
perfume the shores of night.

Revolución

El viento es el apóstol de esta hora interdicta.
Oh épocas marchitas
que sacudieron sus últimos otoños!
Barrunta su recuerdo los horizontes próximos
desahuciados de pájaros,
y las corolas deshojan su teclado.

Sopla el viento absoluto contra la materia
cósmica; la música
es la propaganda que flota en los balcones,
y el paisaje despunta
en las veletas.

Viento, dictadura
de hierro
que estremece las confederaciones!
Oh las muchedumbres
azules
y sonoras, que suben
hasta los corazones!

La tarde es un motín sangriento
en los suburbios;
árboles harapientos
que piden limosna en las ventanas;
las fábricas se abrasan
en el incendio del crepúsculo,
y en el cielo brillante

Revolution

The wind is the apostle of this forbidden hour.
Oh wilted times
that shook their last autumns!
Their memory foresees the next horizons
abandoned by birds,
and the corollas depetal their keyboard.

The absolute wind blows against the cosmic
material; music
is the propaganda that floats in the balconies,
and the countryside sprouts
in the weathervanes.

Wind, iron
dictator
that shakes the confederations!
Oh the blue
and resonant
crowds, that rise up
to our hearts!

The afternoon is a bloody insurrection
in the ghettos;
tattered trees
that beg in the windows;
factories burn
in the fire of sunset,
and in the brilliant sky

los aviones
ejecutan maniobras vesperales.

Banderas clamorosas
repetirán su arenga proletaria
frente a las ciudades.

En el mitin romántico de la partida,
donde todos lloramos
hoy recojo la espera de su cita;
la estación
despedazada se queda entre sus manos,
y su desmayo
es el alto momento del adiós.
Beso la fotografía de su memoria
y el tren despavorido se aleja entre la sombra,
mientras deshojo los caminos nuevos.

Pronto llegaremos a la cordillera.
Oh tierna geografía
de nuestro México,
sus paisajes aviónicos,
alturas inefables de la economía
política; el humo de las factorías
perdidas en la niebla
del tiempo,
y los rumores eclécticos
de los levantamientos.
Noche adentro
los soldados,
se arrancaron
del pecho

airplanes
execute vesper maneuvers.

Clamorous flags
will repeat their proletarian harangue
in front of the cities.

In the romantic rally for our departure,
where we all cried,
today I gather up the delay of her rendezvous;
the shattered
station remains in her hands,
and her swoon
is the high point of our goodbye.
I kiss the photograph of her memory
and the terrified train moves off into the shadows,
while I tear up new tracks.

Soon we will reach the mountain range.
Oh tender geography
of our Mexico,
its avionic landscapes,
ineffable heights of the political
economy; the smoke of factories
lost in the fog
of time;
and the eclectic rumors
of the uprisings.
Deep into the night
the soldiers
sang
heart-wrenching

las canciones populares.

La artillería
enemiga, nos espía
en las márgenes de la Naturaleza;
los ruidos subterráneos
pueblan nuestro sobresalto
y se derrumba el panorama.

Trenes militares
que van hacia los cuatro puntos cardinales,

al bautizo de sangre
donde todo es confusión,
y los hombres borrachos
juegan a los naipes
y a los sacrificios humanos;
trenes sonoros y marciales
donde hicimos cantando la Revolución.

Nunca como ahora me he sentido tan cerca de la muerte.
Pasamos la velada junto a la lumbre intacta del recuerdo,
pero llegan los otros de improviso
apagando el concepto de las cosas,
las imágenes tiernas al borde del horóscopo.

Allá lejos,
mujeres preñadas
se han quedado rogando
por nosotros
a los Cristos de Piedra.

folk songs.

The enemy
artillery spies us
on the edge of Nature;
underground noises
populate our fright
and the panorama collapses.

Military trains
that go toward the four cardinal points,

to the blood baptism
where all is confusion,
and drunken men
play at cards
and human sacrifices;
noisy martial trains
where singing we led the Revolution.

I have never felt so close to death as now.
We spend all night around the intact firelight of memory,
but the others arrive without warning
silencing the concept of things,
tender images on the edge of the horoscope.

Out there,
pregnant women
have kept praying
for us
to the Christs of Stone.

Después de la matanza
otra vez el viento
espanta
la hojarasca de los sueños.

Sacudo el alba de mis versos
sobre los corazones enemigos,
 y el tacto helado de los siglos
me acaricia en la frente,
mientras que la angustia del silencio
corre por las entrañas de los nombres queridos.

After the killing
again the wind
frightens
the leafstorm of dreams.

I shake the dawn from my verses
over the enemy hearts,
and the icy touch of the centuries
caresses my forehead,
while the anguish of silence
runs through the core of beloved names.

Poemas de la lejanía

Partida

Yo soy una estación sentimental
y los adioses pitan como trenes.
Es inútil llorar.

En los contornos del crepúsculo,
ventanas encendidas
hacia los rumbos
nuevos.

Palpita
todavía
    la alondra
        vesperal
            de su pañuelo.

Poems from afar

Departure

I am a sentimental station
and goodbyes whistle like trains.
It is useless to cry.

On the outskirts of sunset,
windows lit
toward new
directions.

The vesper
    lark
        of her
            handkerchief
                still beats.

Ruta

A bordo del expreso
volamos sobre la irrealidad del continente.

La tarde apagada en los espejos,
y los adioses sangran en mi mente.

El corazón nostálgico presiente
a lo largo de este viaje,
literaturas vagabundas
que sacudieron las plumas
de sus alas
en los fríos corredores del paisaje.

Van pasando las campiñas sonámbulas
mientras el tren se aleja entre los túneles del sueño.

Allá de tarde en tarde,
ciudades
apedreadas de gritos y adioses.

Ríos de adormideras
que vienen del fondo de los años,
pasan interminablemente,
bajo los puentes,
que afirmaron
su salto metálico
sobre las vertientes.

Route

On board the express
we fly over the irreality of the continent.

The faded afternoon in the mirrors,
and the goodbyes are still painful in my mind.

My nostalgic heart foresees
throughout this trip,
vagabond literatures
that shook their wing
feathers
in the cold corridors of the landscape.

The sleepwalking countryside passes by
while the train disappears into the tunnels of sleep.

There from time to time,
cities
stoned by shouts and goodbyes.

Rivers of poppies
that come from the depths of the years
pass by interminably
under the bridges
that secured
their metallic leap
over the slopes.

Después, montañas, silenciosos ejércitos
aúllan a la muerte.

Entre las rendijas de la noche
me atormenta el insomnio de una estrella.
Trenes que marchan siempre hacia la ausencia,
un día,
sin saberlo,
nos cruzaremos
en la geografía.

Later, mountains, silent armies
howl at death.

Through the cracks of night
the insomnia of a star torments me.
Trains that move always toward absence,
one day,
without knowing,
we will cross paths
in the geography.

Paroxismo

Camino de otros sueños salimos con la tarde;
una extraña aventura
nos deshojó en la dicha de la carne,
y el corazón fluctúa
entre ella y la desolación del viaje.

En la aglomeración de los andenes
rompieron de pronto los sollozos;
después, toda la noche
debajo de mis sueños,
escucho sus lamentos
y sus ruegos.

El tren es una ráfaga de hierro
que azota el panorama y lo conmueve todo.

Apuro su recuerdo
hasta el fondo
del éxtasis,
y laten en el pecho
los colores lejanos de sus ojos.

Hoy pasaremos junto del otoño
y estarán amarillas las praderas.

¡Me estremezco por ella!
¡Horizontes deshabitados de la ausencia!

Paroxysm

On the way from other dreams we left with the afternoon;
a strange adventure
tore us apart in the joy of the flesh,
and my heart fluctuates
between her and the desolation of the journey.

In the agglomeration of platforms
the sobbing suddenly burst out;
later, all night
underneath my dreams,
I listen to her laments
and her pleas.

The train is a gust of iron
that lashes the panorama and
shakes everything.

I drink down her memory
to the depths
of ecstasy,
and in my chest beat
the distant colors of her eyes.

Today we will go through autumn
and the meadows will be yellowed.

I tremble for her!
Abandoned horizons of absence!

Mañana estará todo
nublado de sus lágrimas,
y la vida que llega
es débil como un soplo.

Tomorrow everything will be
clouded by her tears,
and the life that arrives
is as faint as a breath.

Evocación

Al final de este viaje
he inclinado mis sueños
sobre la barandilla de su nombre.

El agua turbia de la sombra
ha metido la noche
hasta los corazones.

    —Muchedumbres inmóviles
    están asediando el horizonte.-

He apretado su imagen
contra mi desconsuelo
y la luna, apoyada en los cristales,
es el frío
deshielo
de su frente.

Un perfume imprevisto
la enciende en mi memoria;
tiene el "filing" latino
su actitud de dulzura.
Oh su carne platónica,
inocente
geometría que descansa en su seno!

La sonrisa es la flor del equilibrio orgánico,
y el campo

Evocation

At the end of this journey
I have leaned my dreams
on the railing of her name.

The turbid water of the shadows
has immersed night
up to our hearts.

    –Immobile crowds
    are besieging the horizon.—

I have pressed her image
against my sorrow,
and the moon, leaning on the windowpanes,
is the cold
thawing
of her forehead.

An unexpected perfume
illuminates her in my memory;
her sweet attitude
has the Latin feeling.
Oh her platonic flesh,
innocent
geometry that rests on her breast!

Her smile is the flower of organic balance,
and the countryside

la estremece,
bajo mi abrazo
panorámico.

Pero a pesar de todo,
el otoño
inquilino
regó de hojas secas su recuerdo.

Oh mi novia lejana,
humareda romántica
de los primeros versos.

makes her tremble
under my panoramic
embrace.

But in spite of everything,
the resident
autumn
sprinkled her memory with dry leaves.

Oh my distant love,
romantic plume of smoke
from my first verses.

SAUDADE

Estoy solo en el último tramo de la ausencia,
y el dolor, hace horizonte en mi demencia.

Allá lejos,
el panorama maldito.

¡Yo abandoné la Confederación sonora de su carne!
Sobre todo su voz,
hecha pedazos
entre los tubos
de la música!

En el jardín interdicto
           –azoro unánime-
el auditorio congelado de la luna.

Su recuerdo es sólo una resonancia
entre la arquitectura del insomnio.

¡Dios mío,
tengo las manos llenas de sangre!

Y los aviones,
pájaros de estos climas estéticos,
no escribirán su nombre
en el agua del cielo.

Nostalgia

I am alone in the last stretch of absence,
and pain makes a horizon in my dementia.

In the distance,
the accursed panorama.

I abandoned the sonorous Confederation of her flesh!
Especially her voice,
broken to pieces
in the pipes
of music!

In the forbidden garden
————unanimous ghost—
the frozen auditorium of the moon.

Her memory is only an echo
in the architecture of insomnia.

My God,
my hands are full of blood!

And the airplanes,
birds of these aesthetic climates,
will not write her name
in the water of the sky.

Memorial De La Sangre

A Blanche

Memorial de la sangre

En la desierta obscuridad en donde brota la sangre,
la noche de la angustia rompe
la forma maternal que un gemido desflora:
misterio ensangrentado de tu cuerpo,
primer deslumbramiento, lo azulinismimado.
¡Oh lúcida experiencia!

Como un sueño arraigado
en la luz vegetal, que se extiende en la tarde
yo soy el pensamiento de un ausente
a orillas de un estío rumoroso de árboles,
la pura desnudez de la memoria abierta
al jardín inmortal de los amantes,
¡un grito que se eleva sobre el pedestal de la tarde!

Tú no estabas anunciado en los libros,
ni en los calendarios de piedra,
pero yo te presentía
en la fuente original que se derrama en el pecho.
Los ríos ancestrales del tumulto
conducen hasta ti, parecido al silencio
golpeado de mi pulso:
tú eres la promesa eterna de la sangre.
Cuando oprimiendo el pecho por donde cruzan las pasiones
sólo tenga el gesto indefenso del silencio,

Blood Memorial

To Blanche

Blood Memorial

In the desolate obscurity where blood springs forth,
a night of anguish breaks
the maternal form which a sigh deflowers:
blood-stained mystery of your body,
first dazzling glare, the bluish doting.
Oh lucid experience!

Like a dream rooted
in woodland light that stretches out in the afternoon,
I am the thought of one absent
on the shore of a summer murmuring with trees,
the pure nakedness of memory open
to the immortal garden of lovers,
a cry that rises above the pedestal of evening!

You were not announced in the books,
nor in the calendars of stone,
but I foresaw you
in the fountain of origin that overflows in my heart.
The ancestral rivers of tumult
lead to you, like the silence
beating in my pulse:
you are the eternal promise of blood.
When clutching my chest where passions cross and
I have only the helpless gesture of silence,

cuando la tierra en mí se haya callado
y despierte la luz en otros ojos,
cuando un tacto de metal me arranque
la voz, y sólo sea
un sollozo de piedra reprimido
o una fecha de pájaros,
¡que sea mi voluntad este deseo que crece!

Más allá de nuestro amor—transpuesto océano—,
un país de ardientes jeroglíficos te espera.
Ante ti su esplendor de piedras descifradas.
La estrofa secular de las pirámides
te arranca un grito ensangrentado
de belleza.

El pueblo persuadido de símbolos atlánticos
profiere la unidad cerrada de los puños.
Tú ves el trabajo humano
y la repartición de tierras.
¡Ah el día geométrico de las altiplanicies
y la gran primavera inaccesible de los lagos!

Escucha, fuerza creadora,
el grito de distancias que afluye hasta mis labios;
la naturaleza despierta sorprendida en tu rostro,
que surge desde el fondo pálido del agua.

Mis ríos, mis cataratas, mis rumores de bosques,
todo lo que me sonoriza y me afirma,
un día, invisible,
revivirá en la voz de mi regreso.
Por eso canto lo real, el fuego

when the earth in me has become silent
and light awakens in other eyes,
when a metallic feeling takes away
my voice, and I am only
a sob repressed by stone
or a date of birds,
let my will be this desire that grows!

Beyond our love—across the ocean—,
A country of ardent hieroglyphics awaits you.
Before you its splendor of deciphered stones.
The secular stanza of the pyramids
pulls from you a bloody cry
of beauty.

A people persuaded by Atlantic symbols
utters the closed unity of fists.
You see the human work
and the distribution of land.
Oh geometric day of the highlands
and the great inaccessible springtime of lakes!

Listen, creative force,
to the cry of distances that flows to my lips;
nature awakens surprised in your face,
which rises from the pale depths of water.

My rivers, my waterfalls, my woodland murmurs,
everything that gives me voice and affirms me,
one day, invisible,
will live again in the voice of my return.
Therefore I sing what is real, the fertile

fértil que devora la ausencia,
la evidencia de existir contra los ídolos,
la libertad terrestre de los sexos.

Tú llegas en la hora
en que una tempestad de acero
sopla sobre lejanas poblaciones,
y otros van a confundirse
en un abrazo sangriento de naciones.
¡Oh! tú, hecho de mi sangre y de mi fuerza,
tú de forma mortal, tú que no rezas,
absoluta presencia que sube de las profundidades.
Tú traes el germen
de la rebelión que desciende al mismo tiempo
que la energía secreta de las venas:
entrañable momento de las formas
o clamor encendido en el espacio vehemente.

Sopla un viento de arpas
que infunde al otoño sus más antiguos recuerdos,
y todo recomienza en el poder profundo de un latido.

¿Qué es lo que perdura del poema?
¡Ah! la esperanza obscura de la metamorfosis.
Un abismo de letras, un cuerpo de silencio.

fire that devours absence,
the evidence of existing against idols,
the earthly freedom of the sexes.

You arrive at a time when a storm of steel
blows over distant populations,
and others will become mixed up
in a bloody embrace of nations.
Oh! you, made from my blood and my strength,
you of mortal form, you who do not pray,
absolute presence that rises from the depths.
You bring the seed
of rebellion that descends at the same time
as the secret energy of veins:
profound moment of forms
or fiery clamor in vehement space.

A wind of harps blows
which infuses autumn with its most ancient memories,
and everything begins again in the profound power of a heartbeat.

What is it that endures of a poem?
Ah! the obscure hope of metamorphosis.
An abyss of letters, a body of silence.

España, 1936

> Voici le temps des assassins.
> Rimbaud

La mañana resuena atacada en lo alto de motores,
espejos sepulcrales rompen sus imágenes
y despedazan las risas de los niños,
mientras la sombra golpeada de los árboles
cae inerte al fondo de las fosas.

Yo siento la agonía de los suplicios
y los llantos agrietan mi memoria.
¡Oh España negra de sangre y de sollozos!

Voy a la multitud en que el día me transforma:
tú estás aquí traspasada de hierro,
pero no veo tu rostro.
Sólo el grito palpable de tus venas.
Estás toda cubierta de heridas,
surcada de arrugas corrosivas,
la primavera de tu cuerpo se mezcla a los metales
y un furor de potencias te amenaza con su aliento enemigo.

Desconozco los sitios alterados de pájaros.
Los perfumes baleares dudan en mi recuerdo,
y la carne gimiente de azucenas oprimidas,
implora, retorcida de angustia, en los crueles arrodillamientos.
Yo he visto volar los buitres del escombro,
arrasar los hospitales y las maternidades,

Spain, 1936

> Voici le temps des assassins.
>   Rimbaud

Morning rings out attacked atop motors,
sepulchral mirrors break their images
and shatter the laughter of children,
while the shade beaten by the trees
falls lifeless to the bottom of the graves.

I feel the agony of the torture
and the crying cracks my memory.
Oh Spain black with blood and with weeping!

I go to the multitude in which the day transforms me;
you are here run through with iron,
but I cannot see your face.
Only the palpable shouting of your veins.
You are completely covered with wounds,
furrowed by corrosive creases,
the springtime of your body mixes with the metals
and a furor of powers threatens you with its enemy breath.

I do not recognize the disturbed bird nests.
The Balearic perfumes are not certain in my memory,
and the moaning flesh of crushed lilies,
implores, twisted in anguish, in the cruel kneelings.
I have seen vultures fly from the wreckage,
hospitals and maternity wards razed,

marchitar la rosa escolar de las declinaciones
y aniquilar el pulso confiado de los hombres.

Los agentes del crimen excavan el silencio,
siembran agujeros de muerte y de humo en las ciudades,
introducen venenos amarillos en los párpados,
injurian con saliva de nitratos
el recuerdo de Goya y de Velázquez
y riegan de terrores el sueño de las muchedumbres.

¡Sangre, sangre de libertad mancha tus imágenes
y el sudor de la muerte envenena tus piedras!

De pronto, marca un paso de acero tu evidencia,
la voz reminiscente de sirena,
la mirada de fuego de las fábulas,
transformada de ira en la matanza,
luchas contra la bestia africana que aúlla ensangrentada
tras un bosque colérico de armas.

Un viento de barrotes duramente esculpido
sopla contra los pechos ampliados de fronteras.
Tu instinto inextinguible no quiere que sucumbas.
Se oye un clamor potente de horizontes vengativos,
y te levantas, en el gran día que comienza,
palpitante, deslumbrada del mundo,
con un escalofrío de cementerios.

the scholar rose of declinations wilted
and the trusted pulse of men annihilated.

The agents of the crime excavate silence,
sow holes of death and of smoke in the cities,
inject yellow poisons into eyelids,
injure with nitrate saliva
the memory of Goya and Velázquez
and bathe in terror the dream of the masses.

Blood, the blood of freedom stains your images
and the sweat of death poisons your stones!

Suddenly, your certainty takes a steely step,
its voice reminiscent of a siren,
the fiery look of fables,
transformed from wrath in the slaughter,
you fight against the African beast [3] that howls savagely
behind a forest furious with arms.

A wind of crossbars harshly sculpted
blows against chests broadened by frontiers.
Your inextinguishable instinct does not want you to succumb.
There is a powerful clamor of vengeful horizons,
and you rise up, on the great day that is beginning,
throbbing, blinded by the world,
with a chill of cemeteries.

---

3   Gen. Francisco Franco gathered troops and equipment and invaded the
    Iberian peninsula from the north of Africa.

Este día de pasión...

Este día de pasión a través de multitudes,
de hierro traspasadas las entrañas,
la fiebre de las manos deja escapar el grito
con que la libertad despide sus pájaros de octubre.

Este día de pasión en las plazas febriles
el corazón sacude sus sueños seculares
y oye que se desploma una muralla
de voces. La infamia militar estalla
y deja su marca lívida en las carnes del pueblo.

Este día de pasión y de acontecimientos,
abandonad el antro de los sueños,
dominad vuestra angustia de belleza
y no temáis la ira que deslumbra vuestros huesos.

Este día en que un orden de mármol se derrumba,
los hombres a quienes la jornada imprime
su martirio de hierro,
vienen desde la soledad nocturna de la hulla
de los obscuros fondos del castigo,
de las callejuelas de la desgracia y del crimen,
de las praderas antiguas de la noche,
errantes, borrosos por las deportaciones,
sin edad y sin rostro,
por un tiempo cargado de huelgas
punzados por la miseria y por los clavos.

On this day of passion

On this day of passion across multitudes,
innards impaled by iron,
the fever of hands lets out a cry
and freedom releases its October birds.

On this day of passion in the feverish plazas
the heart shakes its secular dreams
and hears a wall of voices
collapse. Military infamy explodes
and leaves its livid mark on the flesh of the people.

On this day of passion and happenings,
you must abandon the cavern of dreams,
overcome your anguish of beauty
and do not fear the wrath that blinds your bones.

On this day when an order of marble falls,
the men on whom the workday stamps
its iron martyrdom
come from the nocturnal loneliness of coal,
from the dark depths of punishment,
from the alleyways of disgrace and crime,
from the ancient fields of night,
wandering, confused by deportations,
ageless and faceless,
during a time laden with strikes,
punctured by misery and nails.

Este día de pasión y de lamentaciones,
mientras sangra todo pecho, toda carne, todo overol humano,
los niños extraviados lloran en los quicios de las puertas
y las mujeres de luto siguen los entierros
con los párpados enrojecidos por el olor de las farmacias.

Este día de eternidad y de derrumbes,
un espasmo de orgullo agita a los tiranos
y llena de estragos y de angustias
las ediciones sangrientas de la tarde.

¿Qué significa el misterio del hombre?
En este día de ejecuciones y sentencias
se forman torbellinos de basura en los barrios
y el pueblo se amotina en los mercados,
y las madres preguntan por sus hijos
y una sombra ecleswástica ensombrece las ciudades.

En este día de holocaustos
pasa un soplo fúnebre anunciando
sequías de la belleza, rebeliones de hambre.
En un solo día ¡cuántos pájaros
abatidos por el odio!
¡Cuántos cuerpos mutilados por las represalias!

Se oyen lamentos de dolor en un huerto.
El ojo de la fuerza nos asedia
entre las zarzas devastadas.
Cae un cuerpo pesado entre las hojas.
Ya el óxido de la guerra se extiende en las praderas
y el yodo del otoño mancha los cadáveres.

On this day of passion and lamentations,
while every chest, all flesh, every human overall bleeds,
lost children cry in the doorways
and women in mourning follow the burials
with eyelids reddened by the smell of pharmacies.

On this day of eternity and collapses,
a spasm of pride shakes the tyrants
and fills the bloody evening editions
with ravages and anguish.

What does the mystery of man mean?
On this day of executions and sentencing
whirlwinds of garbage form in the neighborhoods
and people riot in the markets,
and mothers ask about their children
and an ecleswastical shadow darkens the cities.

On this day of holocausts
a funereal wind blows by announcing
droughts of beauty, rebellions of hunger.
In only one day, how many birds
brought down by hatred!
How many bodies mutilated by retaliation!

Painful laments are heard in a garden.
The eye of the force besieges us
in the devastated brambles.
A heavy body falls into the leaves.
The rust of war already spreads across the fields
and the iodine of autumn stains the cadavers.

Con un solo pensamiento, en este día de violencia,
salimos al encuentro de la injuria,
a estrangular la garganta de los días obscuros
en las prisiones donde se pudre el olvido.

Este día de pasión en que las explosiones
despiertan el furor de las arterias
y martillea la cólera, anónima en la sangre,
sudamos resplandores de acero
en un silencio angustiado de cabellos.

¡Oh, tú resucitado a imagen de mi violencia,
memoria de lodo y sangre de las fundaciones
hasta donde mi planta posa el sufrimiento!
¡Oh, tú a quien creen sin defensa, extinguido,
pero que todavía respiras
y marchas de pie, sangrante, por los barrios fatídicos!
Hay una razón de suprema esperanza:
hablemos con los puños de la resolución extrema,
preparemos las armas nuevas en la fuerza del silencio.

With just one thought, on this day of violence,
we go out to encounter insult,
to strangle the throat of the dark days
in the prisons where oblivion rots.

On this day of passion when explosions
awaken the furor of arteries
and anger hammers, anonymous in the blood,
we sweat steely blazes
in a hair-raising anguished silence.

Oh, you resuscitated in the image of my violence,
memory of the mud and blood of the foundations
suffering even where my sole stands!
Oh, you whom they believe defenseless, extinguished,
but who still breathe
and march on foot, bleeding, through the fateful boroughs!
There is reason for supreme hope:
let us speak with fists of extreme resolve,
let us prepare new arms in the power of silence.

CÁNTICO DE LIBERACIÓN

Hacia otras perdurables realidades despierto
buscando ardientemente tus promesas;
los frutos engañosos del sueño se corrompen
y en el fragoso corazón te siento:
brillante fuerza que doblegas selvas
y del alto silencio arrobamiento.
¿Quién eres tú que un palpitar dichoso
al evocar la juventud, trasciendes,
análoga de lirios en la sombra?
Tú mueres y renaces intacta de los éxtasis.

Por ti yergue la luz columnas de hermosura
y al blanco mármol
te confía desnuda,
pero tú no eres eso, ni tampoco la nube, ni la ola, ni el árbol.

El violento presagio que atormenta al poeta
rompe cárceles eternas de repente;
una llama sin labios resiste en las tinieblas
y un segundo mortal agólpase en las venas
tras el adiós agónico de los sexos supérstites.

Yo quiero detener tu tránsito de siglos
de la antigua memoria de los bosques
a las limpias claridades que en la frente reposan,
y aprisionar con todos los sentidos
tu apariencia, insinuada en los latidos
del otoño que llega por el campo

Song of Liberation

Towards other enduring realities I awake
ardently searching for your promises;
the deceitful fruits of sleep become corrupt
and in my craggy heart I feel you:
brilliant force that bends jungles
and ecstasy from the high silence.
Who are you who spread happy heartbeats
when you evoke youth,
like lilies in the shade?
You die and are reborn intact of bliss.

Because of you light erects columns of beauty
and entrusts its naked self to you
in white marble,
but you are not that, nor cloud, nor wave, nor tree.

The violent premonition that torments the poet
breaks out of eternal prisons suddenly;
in the darkness, a tongueless flame still burns,
and a mortal second rushes through the veins
after the dying farewell of the surviving sexes.

I want to stop your transit of centuries
from the ancient memory of forests
to the pure clarities that rest on my brow,
and imprison with all the senses
your appearance, insinuated in the heartbeat
of the autumn that arrives in the countryside

persiguiendo las potencias frutales
o en la contemplación purpúrea que obscurece la cólera.
Y contra certidumbre de bárbaros horrores,
vienes y enigmática, al instante, huyes,
dejándome un combate de atroces sujeciones.
Y en las horas radiantes en que mayo
cribado de esplendores,
en el alma penetra
y se diluye,
a través del mirífico fulgor de los follajes,
empedernidos ruiseñores
desalteran su sed de impaciente belleza.

La muerte abre su surco y deposita su germen negro.
Y cuando las estrellas y los ríos de la fiebre
y el vientre de las mujeres y el hacha de los verdugos
y el cielo y la existencia mutilada
despeñen mi silencio,
tú de futura vida,
estremecido, por la fuerza insonora de mi canto,
proclamarás la dura voluntad de mi estrofa,
y al soplo irresistible que del eterno mar te invoca,
volverá a florecer quemante y viva
la voz que aquí dejaron mis labios calcinados.

Me desborda un deseo de ignotas maravillas.
La turbadora brisa
el alma me satura de frescas pubescencias:
nostalgias de jardines esclarecen sus élitros,
y de la fiel semblanza superpuesta de pétalos
la obscuridad borra su imagen
y entre mis manos

in pursuit of fruitful powers
or in the purple contemplation that obscures anger.
And against certainty of barbarous horrors,
you come and enigmatic, instantly, you flee,
leaving me a combat of atrocious subjections.
And in the radiant hours when May,
riddled with splendors,
penetrates the soul
and dissolves
across the amazing brilliance of foliage,
incorrigible nightingales
calm their thirst for impatient beauty.

Death opens its furrow and deposits its black seed.
And when the stars and rivers of fever
and women's bellies and executioners' axes
and the heavens and mutilated existence
hurl down my silence,
you of future life,
startled by the soundless force of my song,
will proclaim the strong will of my verse,
and on the irresistible gust of wind that calls to you from the eternal sea,
will flower again afire and alive
the voice that my charred lips left here.

I am overwhelmed by a desire of unknown marvels.
The disturbing breeze
saturates my soul with fresh pubescence:
garden nostalgias illuminate their wings,
and with its familiar profile superimposed on petals
darkness erases the image
and in my hands

queda sólo el tremor de un acto.

¿Eres tú el arcano latido de la sangre?
¿Un útil secreto que exalta y nos libera?
¿Sublime perfección de arduos imposibles
o el progreso ardiente que se eleva
en el hombre?
Al curso inteligible
del tiempo da mi nombre
demudada de ausencias y estupores silábicos.
Razones son de ti el peso de las maternidades,
palidez, sueños,
ceniza, adiós, bosque, mirada,
mar, viento, eternos elementos,
la irrupción de la música en la piedra,
la verdad misteriosa que en sus ojos avanza.

Mi destino es vivir volcanes de belleza.
Del seno impenetrable de la noche
nacerá la avidez incisiva de los pájaros.
¿Quién eres tú que a mí llegas
alcanzando,
por múltiples, transportes
de ala hasta mi frente
con un ruido de hierro,
como un vértigo cruento
entre las sombras adversas de la época?
Oigo, oigo el furor astral de tu presencia,
tus labios persuasivos como un canto de bronce.

only the thrill of an act remains.

Are you the mysterious pulse of blood?
A useful secret that exalts and liberates us?
Sublime perfection of arduous impossibles
or the burning progress that rises up
in man?
Give my name to the
intelligible course of time
muted by absences and syllabic stupors.
From you come the reasons for the weight of maternities,
pallor, dreams,
ash, goodbye, forest, gaze,
sea, wind, eternal elements,
the eruption of music in stone,
the mysterious truth that in her eyes advances.

My destiny is to live volcanoes of beauty.
From the impenetrable core of night
the sharp eagerness of birds will be born.
Who are you who comes to me,
reaching,
through multiple winged
transports, up to my brow
with an iron clang,
like a gory vertigo
among the adverse shadows of the age?
I hear, I hear the astral furor of your presence,
your persuasive lips like a song of bronze.

Fundación del olvido

Desde el silencio azul del horizonte dicto
rumbos de soledad hacia lo incierto;
la memoria transcurre con tiempo favorable
y apenas si la brisa da señales de pájaros.

Resuena el mar con ecos forestales de espuma
—las olas desenrollan sus órdenes orales—
de pie en los corredores de fábricas marítimas
os presiento criaturas de lejanos umbrales.

A veces por pulsantes caminos de latidos
atravieso los ríos torrenciales del odio;
me detengo en ciudades de nostalgia y de estruendo
donde la fría imagen de la luna no llega.

Llamamientos urgentes me vuelven multitudes
y el trino del motor las fuentes suplantando.

¿Qué espanto de absoluto
brota de los anales de la piedra?
Potencias del silencio nos abisman
en el misterio de las metamorfosis.
Yo abro espacios de fuerza hacia la noche
donde se pierden las tribus del recuerdo
que persiguen los gritos famélicos del tiempo.

Con una voluntad de altiplanicies
que apaga la fiebre de los soles aborígenes

THE FOUNDING OF OBLIVION

From the horizon's blue silence I dictate
paths of solitude leading toward the unknown;
memory passes with favorable time
and the slightest breeze gives a sign of birds.

The sea resounds with woodland echoes of surf
—the waves unroll their spoken orders—
standing in the corridors of maritime factories
I sense you, creatures of distant thresholds.

Sometimes along the pulsing paths of heartbeats
I cross the torrential rivers of hatred;
I stop in cities of nostalgia and uproar
where the cold image of the moon does not reach.

Urgent appeals multiply
and the engine's trill drowns out the fountains.

What fear of the absolute
springs forth from the annals of stone?
Silence's powers plunge us
into the mystery of metamorphosis.
I open force fields to the night
where the tribes of memory
who pursue the hungry cries of time are lost.

With a highland will
that extinguishes the fever of native suns,

salto de las palabras a los puños del alba.
Las mañanas irrumpen con un grito de alas
entre las juventudes jubilosas del aire:
hermosura inmortal que me tiende los brazos
más allá de los bosques, del deseo, de las rejas.

A través de fronteras que diseña la sangre
mis sentidos descubren silentes claridades:
esfinges, simetrías, ofrendas, signos,
entretejidas viñas a la más pura gloria.
Me estremecen las formas apacibles del mármol
y vuelan de los párpados enigmas de las fábulas.

Mi corazón escucha, oh tardes laboriosas
de suspensos rumores,
al hombre que se enjuga el sudor religioso
mientras sueñan las vírgenes exultantes mensajes
y los altos otoños
en sus senos deshojan sus ramajes de oro.

Me acerco a la vida elemental de los sexos,
a la muerte de acero que irradia del trabajo;
mi rostro alucinado se pierde entre otros rostros,
extranjero, en un pueblo
que flagela la muerte.

Camino en las ciudades con una sed amarga
y me devora un fuego de blasfemias;
miro los esplendores del orden,
las estatuas ecuestres,
las cenizas votivas y los dientes
orificados de la fuerza.

I leap from words to the fists of dawn.
Mornings burst in with a cry of wings
across the joyous childhood of the air:
immortal beauty that stretches its arms out to me
beyond forests, beyond desire, beyond bars.

Across borders of blood's design
my senses discover silent clarities:
sphinxes, symmetries, offerings, signs,
vines intertwined to the purest glory.
I thrill at the sight of the peaceful marble forms
and fable's enigmas take flight from my eyelids.

My heart listens, oh evenings laden
with murmurs,
to the man who wipes the pious sweat from his brow
while virgins dream exultant messages
and the high autumns
in their bosom shed their golden branches.

I approach the elemental life of the sexes,
and steely death that radiates from work,
my hallucinated face gets lost among other faces,
foreigner, in a town
beaten by death.

I walk through cities with a bitter thirst
and a fire of blasphemies devours me;
I see the splendors of order,
the equestrian statues,
votive ashes and teeth
goldfilled with power.

Leyes de violencia dominan
las propiedades cómplices del día
y un viento fúnebre de escorias
que presagia los males de la ciencia
barre de estragos y dudas la memoria.

Leo proclamas del sol que nos prometen
las herencias del sueño, los tiempos luminosos
(demagogias de abril) oh bíblicas jóvenes
que os alejáis por los floridos viales.
Poblado el aire terso está de vuestro gozo.

Siento el hálito seductor de vuestros labios,
la libertad como un soplo entre las frondas.
Crecer, cambiar como la vida de la tierra,
pasar un tiempo de amor
y deslumbrantes trigos en silencio,
y despertar un día de la fluvial memoria
de los siglos, a la sombra
del árbol milenario,
—oh inefable delicia de los deltas—
confiado en la cálida pubertad de las rosas.

¡Que el olvido descienda por las linfas del sueño!
Ya la creación imprime sus dedos en mi frente
y alzan su voz ardiente
de otras razas sonoras las sirenas,
y recitan mi vida, mi fábula, mi ausencia!

Laws of violence dominate
the accomplice properties of the day
and a funereal wind of slag
that foretells the evils of science
sweeps memory of ruin and doubt.

I read proclamations of the sun that promise us
the inheritance of dream, luminous times
(April's false promise) oh biblical youth
who wander off on flowery paths.
The shining air is filled with your joy.

I feel the seductive breath of your lips,
freedom like a breeze through leaves.
To grow, to change like the earth's life,
to spend a time of love
and dazzling wheats in silence,
and to wake one day from the fluvial memory
of the centuries, to the shade
of the millennial tree,
–oh ineffable delight of the deltas–
confiding in the warm puberty of roses.

May oblivion descend along the lymphs of sleep!
Now creation presses its fingers to my brow
and sirens from other resounding races
raise their ardent voices,
to recite my life, my fable, my absence!

Elegía mediterránea

De recuerdos impuros disipada en el tiempo
tu antigua armonía se ha derrumbado;
la luz vigila inmóvil sus ruinas de silencio
y el mar nos estremece con lejanos fragmentos
de homéricos rumores.

¡Oh, ternuras sangrientas que abrasan los ojos y la frente
y abren hondos sollozos en el pecho del hombre!
Diáfana sed de insaciable justicia.
Agrieta el sol las rocas de cristal y penetra
en los muros de hiedra y de sangre.
La claridad me roba toda sombra de signos.
¡Oh, belleza nimbada como un sueño,
delicia sin palabras, bañada por los golfos!

Su cuerpo dejó impreso en la ausencia
el olor sin memoria de las cosas extintas,
marmóreas formas que ignoran la caricia
una ráfaga de siglos destruyó su mirada
y del milagro, ciega,
la arcaica primavera con su exangüe sonrisa,
a iluminar su rostro de embriagada ausencia, llega,
y así esperas el día de gloria de los dioses.

¡Qué lejos de tu éxtasis, Helena,
cuando la cólera inefable agitaba a los hombres,
y esparcías el delirio cruel en los corazones!
Tu soledad desfallecida es la única prueba de otras épocas.

Mediterranean Elegy

From tainted memories dissipated over time
your ancient harmony has collapsed;
the light keeps constant vigil over the silent ruins
and the sea rumbles with distant fragments
of Homeric tones.

Oh bloodstained caresses that burn the eyes and brow
and open deep weeping in the breast of man!
Diaphanous thirst of insatiable justice.
The sun cracks crystal rocks and penetrates
walls of ivy and of blood.
The brightness robs me of all shade from signs.
Oh haloed beauty like a dream,
inexpressible delight, bathed by the gulfs!

Her body left imprinted on absence
the timeless scent of things extinct,
marmoreal forms never caressed,
centuries of wind destroyed her gaze
and from that miracle, blind,
the archaic spring with its anemic smile,
to illuminate her face of intoxicated absence, arrives,
and thus you await the gods' day of glory.

How distant from your ecstasy, Helen,
when ineffable anger shook men,
and you spread cruel delirium in their hearts!
Your faint loneliness is the only proof of other epochs.

Hoy todavía la paz que te circunda alteras
y remueves la tierra de zozobras mortales,
un cráter se presiente tras barrotes de odio
y la memoria acaba su agonía,
aquí, donde cesa de respirar el silencio.
Oh! días corrompidos de miseria y de lodo,
que excavó de horror la tiranía;
contra el alma conspiran augurios de tristeza.
Sólo cumbres fatales
de la antigua belleza
me retienen.

De su abrupto recuerdo el fuego crepitante,
la culpable cabellera ondea
al pie de la violencia,
las bestias fabulosas husmean en su garganta de nieve
el olor sofocante que invade sus caminos
y el esplendor amortiguado de su sexo duerme
entre los pliegues profundos de la muerte.

Oh, Mar Mediterráneo que arrullaste las épocas de oro,
mar de viajes ardientes y cadencia eterna,
espuma entre columnas, discípulas del tiempo,
tu razón de diamante purifica mis sueños!

Si la toca el repentino hielo de los siglos
la sangre sin color suspende su latido,
forma pura, el milagro visible arde en mis ojos;
reconozco su espíritu lejano
que surge incorruptible de los años.
¿Para qué revivir la luz de los sentidos?

Today you still alter the peace that surrounds you
and you stir the earth of mortal anxiety,
a crater is sensed through barriers of hatred
and memory ends its agony,
here, where silence ceases to breathe.
Oh! days corrupted by misery and mud,
which tyranny excavated with horror;
omens of sadness conspire against the soul.
Only fatal peaks
of the ancient beauty
restrain me.

From her sudden memory the crackling fire,
her culprit hair waves
at the foot of violence,
mythic beasts catch the scent in her alabaster throat
of the suffocating odor that invades their path
and the muted splendor of her sex sleeps
among the deep folds of death.

Oh, Mediterranean Sea that lulled the golden ages,
sea of ardent voyages and eternal cadences,
seaspray against columns, disciples of time,
your diamond reason purifies my dreams!

If the sudden ice of ages touches her
the colorless blood stops beating,
pure form, the visible miracle burns in my eyes;
I recognize her distant spirit
which rises incorruptible from the years.
Why revive the light of the senses?

Vivo sólo del brillo de tu ausencia,
y la llaga que me abre un ruiseñor efímero
me impide ver la flora del sueño en sus entrañas,
y cantar es esta fuerza mortal que me destroza.

Duerme, duerme, aparente de rosas,
como un cálido río de caricias,
que yo sienta correr bajo tu pulso
la verdadera vida.
El sol, los árboles, el cielo,
claridades primeras de tu mente,
firmamento de márgenes y mármoles las fuentes.
El estío fecunda tu presencia
oculta entre jardines y mágicos crepúsculos
mientras se enfría el amarillo de las viñas,
y me arranco del pecho despoblado de pájaros
arroyos tumultuosos de rumores obscuros.

Tú reflejas los deseos, los sueños
contagiosos. En tus ojos eternos nada cambia:
tu evidencia carnal es igual a mi nostalgia
cuando pasó ya la tempestad, la metralla, el espasmo.

Mi dolor se concentra en tu azul abismo
y tu misma sospecha de acero es mi tormento.
¿Quién volverá a verte deslumbrada de siglos?
Oh! cuerpo incorpóreo sin mirada y sin eco,
soplo espantoso que propagas las fiebres inmortales
y levantas del polvo la multitud del olvido!

I live solely from the glow of your absence,
and the wound that an ephemeral nightingale opens in me
keeps me from seeing the flora of dream at its core,
and singing is this mortal force that absolutely shatters me.

Sleep, sleep, looking like roses,
like a warm river of caresses,
so that I may feel true life
coursing beneath your pulse.
The sun, trees, sky,
first clarities of your mind,
edge of the canopy of heaven and marble fountains.
Summer enriches your presence
hidden in gardens and magical sunsets
while the yellow of the vines turns cold,
and I wrench from my breast abandoned by birds
tumultuous streams of dark rumors.

You reflect desires, contagious
dreams. In your eternal eyes nothing changes:
your carnal evidence is the same as my nostalgia
when the storm, the shrapnel, and the spasm have passed.

My pain centers on your blue abyss
and your steely suspicion itself is my torment.
Who will see you again blinded by centuries?
Oh! bodiless body without gaze and without echo,
frightening gust that spreads immortal fevers
and raises from the dust the multitude of oblivion!

Elegía paterna

Por los tránsitos mortales de la sangre, llego,
        padre de tierra.
        El capricho de un trino
        colma el claro sosiego.
        ¿En dónde están las sombras familiares?
            ¿Dónde las voces seculares
        que el dolor soterra?
        Un soplo repentino
la flor de vuestro esfuerzo aterra
y las horas no lucen ya su brillo divino.

La luz bate sus alas en las logias de estío
    y a los esquivos senos se retira.
    La tierra, el aire, el mar bravío
    insinúan una virtud gentil.
    Es una vid la sangre en que se mira
    mi sueño florecido. Un deseo vago suspira
        por las cimas de abril.

    Gira el tiempo en su pura geometría
    y en el ayer perfecto nos reposa:
        El mar trémulamente
como un romance antiguo entre el pinar se oía.
    Siento aún la mordente maravilla
    y yo apoyado en la viril mejilla
    buscando por la sombra ardiente
        el carro de la Osa.

Paternal Elegy[4]

Through the mortal passages of blood, I arrive,
      earth father.
      The whim of a warble
      fills the clear calm.
Where are the familiar ghosts?
      Where the secular voices
      that pain inters?
      A sudden gust of wind
the fruit of your labor arrives
and the hours no longer shine with their divine brilliance.

Light beats its wings in the lodges of summer
    and retreats to elusive refuge.
    The earth, the air, the untamed sea
    insinuate a genteel virtue.
    My blossomed dream contemplates itself
    in the blood of the grapevine. A vague desire sighs
        in the peaks of April.

    Time swirls in its pure geometry
    and in the perfect yesterday it gives us rest:
        The sea sounded tremulously
like an ancient romance among the pines.
    I still hear the mordent marvel
    while propped on virile cheek
    I search through the burning shadows
        for Ursa Major's cart.

---

4   Written in about 1928 on his ocean voyage to Europe.

Los años más hermosos pasan en vana espera
desdeñando en soledad señera
los vientos del favor;
en el pecho socaba su nostalgia la onda
mientras el mar marmóreo corre entre la fronda
con el mismo furor.

De dudas y deseos entretejida
contemplé en los desnudos
ramajes del invierno
la claridad de vuestra vida
declinar.

¿Por qué impetuosos cauces de misterio eterno
serpea la sangre y rompe sus terribles nudos?
Me esclaviza la fuerza de ese obscuro anhelar.
Se extingue lentamente
la memoria de un día antiguo y fuerte
que borra al duro afán mortales huellas.
En su rostro se ha helado la verdad de la muerte;
ninguna nube cruza por su pálida frente,
la voz yerta y silente
la semblanza alta de estrellas.

¡Oh signos argentados! ¡oh mágicos tributos!
un tardo rayo alumbra la artera
gracia que os evoca, espíritu que elevas
los gloriosos frutos
sobre el poder tranquilo de las glebas.

Como en áspera cumbre
la altiva primavera

The most beautiful years go by in vain expectation
    scorning in solitary loneliness
            the winds of favor;
the wave presses its nostalgia to its heart
while the marmoreal sea races through the leaves
            with equal furor.

        I saw among the bare
        branches of winter
        intertwined with doubts and desires
        the clarity of your life
            decline.

Through what impetuous channels of eternal mystery
does blood meander and break its terrible knots?
The force of this dark longing enslaves me.
        The memory of a strong long-ago day
slowly extinguishes and with great zeal
erases mortal footprints.
The truth of death has frozen in his face;
no cloud crosses his pale brow,
        his voice rigid and silent
    his profile high with stars.

Oh silvery signs! oh magical tributes!
    one slow beam illuminates the artful
grace that evokes you, spirit who raises
            the glorious fruits
above the tranquil power of plowed earth.

            As upon rugged peak
            the haughty spring

brota y esplende
de su triste veste
una fúnebre llama mi dolor enciende.

¡Oh frágiles criaturas! ¡Oh padres de ceniza!
Un abrazo glacial en polvo os eterniza
y ante el sueño desierto que duerme la creación
la viva soledad de vuestra ausencia siento
mientras un viento
incierto
como de mar y huerto
turba mi expectación.

Mis obscuros ausentes,
dormid en vuestra orilla,
al pie de los baluartes que escande el oleaje.
El incólume azul del mediodía
en mí clava sus garras relucientes
y arde el suplicio estéril de la arcilla.
Sobre reliquias rotas
que devastó el ultraje
del tiempo, cedro y palma
cernidos de gaviotas
epigrafía—
blanca y fugaz—
el silencio perlúcido se astilla
y con su grito
entra en el alma
el infinito
de la marina paz.

sprouts and shines
from its sad vestment
my pain ignites a funereal flame.

Oh fragile creatures! Oh ashen parents!
A glacial embrace eternalizes you in dust
and facing the desolate dream that creation sleeps
I feel the acute loneliness of your absence
      while a wind
           uncertain
      as if from sea and grove
      disturbs my expectation.

My dark absent ones,
    sleep on your shore,
at the foot of the surf-skimmed lookout towers.
    The unharmed midday blue
    hooks its shining claws in me
and burns the barren anguish of the clay.
        Over broken ancient relics
        devastated by the assault
        of time, cedar and palm
        sifted by seagulls
        –fleeting white
            epigraphy—
the transparent silence shatters
      and with its cry
      enters into the soul
      the infinite
      peace of the sea.

La Memoria y el Viento

Metamorfosis

Sólo tú de rumores advertida
en la luz ya desnuda de problemas;
la autoridad del ruiseñor desvanecida
¡puerto libre la estrofa de pañuelos!

Mas el pétalo fijo te delata,
si fingido, girando hacia la ausencia
en espiral recuerdo de su imagen,
fulgor de la definición que expira.

Y eres al fin, espectro de la rosa,
mi texto de belleza en las rodillas,
delirante confín de nuestro éxtasis.

Plenitud

Certifico el color de la mañana
bajo el pulso incesante de la duda.
¡Oh redondez de mi deseo sin nube,
la caricia te vuelve certidumbre!

Sus cabellos de brisa entre los pájaros
y es ya mediodía de su presencia.

La claridad pensada de su sexo
despertando de un sueño sin memoria.
De su carne de ausencia sólo el eco:

Memory and the Wind

Metamorphosis

Only you by rumors warned
in the light now stripped of problems;
the authority of the nightingale fainted,
free port the verse of hankies.

But the petal still attached denounces you,
if feigned, revolving toward absence
on spiral remembrance of its image,
radiance of the definition that expires.

And in the end you are, specter of the rose,
my text of beauty on its knees,
delirious confine of our ecstasy.

Plenitude

I certify the color of the morning
under the incessant pulse of doubt.
Oh roundness of my cloudless desire,
the caress makes you certain again!

Her tresses floating like the breeze among the birds
already the midday of her presence.

The considered clarity of her sex
waking from a dream without memory.
Of her flesh of absence only the echo:

la mejilla de mármol contra el viento.

CITA

De palpitantes términos la espera,
me llama la sirena de labios fonogénicos.
¡Que perezca la Horda y la Academia!
Mi memoria de ráfaga hacia ella.

Sonoriza el expreso aún nuestra ausencia
en la mañana diáfana del pecho.
Su voz, reproducida en el comercio,
transpuesta –de la muerte—, ilesa.

Un segundo de pájaros la empaña,
mas vuelve en sí desde el mortal comienzo.
Oh soledad frutal de su promesa
—dono amoroso del estío desierto—
mis sentidos sin brizna de horizonte.

VENUS PROSPECTO

Una brisa de hélices publica
su aparición transfílmica en la tarde.
Los expresos sinfónicos transportan sus sonrisas,
y su voz reverbera blanca de abecedarios.

Un silbato lejano da idea de sus cabellos,
y transmiten sus señas veloces, los periódicos.
Suben, bajan de precio las reglas del desnudo
y saludan los pájaros sus ofertas risueñas.

her ivory cheek against the wind.

DATE

Of palpitating conditions the wait,
the siren of phonogenic lips calls me.
May the Horde and the Academy perish!
My memory of tempests surrounding her.

The express train still voices our absence
in the heart's diaphanous morning.
Her voice, reproduced in commerce,
transposed—from death–, unharmed.

An echo of birds surrounds her,
but she comes to from the mortal beginning.
Oh fruited solitude of her promise
–loving gift of the desert summer—
my senses without a trace of horizon.

VENUS PROSPECTUS

A propeller breeze publishes
her transfilmic appearance onto the afternoon.
Symphonic express trains transport her smiles,
and her voice reverberates alphabet white.

A distant whistle gives the idea of her tresses,
and newspapers transmit her swift signals.
The appraisals of nude art go up and down in price
and birds hail their cheerful offers.

Telegramas ingenuos, sin raíces de imprenta,
la aproximan; convergen hacia ella
los recuerdos, las hélices, los rieles.
Por declives de pájaros desciende,
escaleras de sueño la sorprenden,
y habla sola, de noche, con palabras de vértigo
verbigrafisilovelosilísticamente
en los eclipses rítmicos de la General Electric.

Mas duerme, al fin, detenida,
de su salto de tránsito,
a la prisa,
toda trémula de vida,
sin memoria del *Louvre* entre mis brazos.

OCEÁNIDA

El azul colonial de los prospectos
despierta bruscamente mis instintos de imprenta;
un grito de horizontes la refugia en mis brazos
mientras la tarde vuela de la palabra "Spolding".

Las olas recomienzan su cortejo sonoro
y una sombra de barco desliza su respuesta;
queda el viento supuesto por letras de veleta
y su adiós es el tránsito a un enigma silábico.

Un tic de golondrina desnuda mis sentidos,
—meridiano de mástiles sin errores de sombra—,
el océano confunde su vaivén en mi pecho
y remueve mi obscura inmensidad de masas.

Naïve telegrams, with no roots in print,
draw near her, memories, propellers, rail tracks
converge upon her.
She descends along slopes of birds,
dream stairways catch her by surprise,
and she talks to herself, at night, in dizzying words
verbigraphisilovelosilistically
in the rhythmic eclipses of General Electric.

But she sleeps, in the end, detained,
from her transit leap,
hastily,
all trembling with life,
with no memory of the Louvre in my arms.

OCEANID

The colonial blue of the prospectus
abruptly awakens my printing instincts;
a cry of horizons gives her refuge in my arms
while the afternoon volleys back from the word "Spaulding."

The waves recommence their sonorous procession
and a boat shadow slips out its reply;
the wind is taken for granted by weathervane letters
and her goodbye is the transit to a syllabic enigma.

Flitting by, a swallow tic strips my senses,
–meridian of masts without errors of shade–,
the ocean commingles its rise and fall in my chest
and stirs my dark immensity of masses.

Su pañuelo persigue mi memoria geográfica
sobre la soledad celeste de los mapas.
Duerme un rumor de márgenes marinas,
vuelve su recuerdo de contornos sonoros
y mi silencio afronta su presencia de espuma.

Verbo

La palabra principia su rumor de Universo.
No hay indicio siquiera de fractura en el aire.
La letra estereoscópica que corre por mis venas
acumula en silencio sus promesas de idioma.

Los deportes agrupan su alfabeto de hurras
y las sirenas cantan sus barcos al oído;
sonoriza septiembre la transmisión de un trino
y en voz alta despido un motor de saliva.

El rumor estertóreo que recorre a la rosa
en el disco respira su modelo de ausencias:
¡hallo! ¡hallo! a qué extremo ha llegado
su sombra ligerísima de aliento telefónico.

Yo comienzo a llamarla con fuerzas ferroviarias
y una dicción de fábricas me responde en la URSS,
mientras la brisa oyente multiplica su nombre
hasta el fondo ortofónico
de la multitud.

Her handkerchief pursues my geographic memory
over the sky-blue loneliness of maps.
She sleeps a rumor of seashores,
her memory of resounding contours returns
and my silence faces her wave-filled presence.

VERB

The word starts its Universal rumor.
There is no indication at all of fracture in the air.
The stereoscopic letter that runs through my veins
accumulates in silence its promises of language.

Sports assemble their alphabet of cheers
and sirens serenade their ships by ear;
September records the broadcast of a warble
and aloud I emit an engine of saliva.

The death rattle that runs around the rose
on the record breathes its model of absences:
hallo! hallo! to what extreme has arrived
its featherlight shadow of telephone breath.

I start to call her with railroad forces
and a factory diction answers me in the USSR,
while the listening breeze multiplies her name
to the orthophonic depths
of the multitude.

Renacimiento

Su desnudez marina resuena entre los árboles
como la claridad pulida de la tarde;
las columnas tendidas, las rosas de su cuerpo
desgarradas, a orilla de la espuma.
¡Oh, gloria estrangulada por el tiempo!

Desintegra el otoño su conciencia amarilla
mientras sangra la voz de las insurrecciones;
viene un soplo de mármol a estremecer su carne
y surge de la memoria de las ruinas,
las entrañas crispadas de injusticias,
¡belleza que consume, eternidad petrificada!

Verano

La mañana es un grito salpicado de pianos
que abre las ventanas al ardor del verano;
la brisa hace volar su ropa de campiñas
en las playas de luz por donde van sus pasos.

Oh desnudez marina de palmas exaltada,
reconozco la espuma de sus hombros
en el salto de mármol sin apoyo,
vuelo frágil que quiebra en el agua.

Su mirada difunde el azul de las fábulas
y palpita en sus labios un rumor de riberas.
Viene la geometría perenne de las olas

Renaissance

Her sea-nakedness echoes among the trees
like the polished clarity of the afternoon;
the columns laid down, the roses of her body
torn apart, at the surf's shore.
Oh, glory strangled by time!

Autumn disintegrates its yellowed conscience
while the voice of insurrections bleeds;
a breath of marble comes to startle her flesh
and rises from the memory of the ruins,
the entrails contorted by injustices,
beauty that consumes, eternity petrified!

Summer

Morning is a shout splashed with pianos
that opens its windows to the heat of summer;
the breeze makes her country clothes flutter
on the beaches of light where her footsteps go.

Oh sea-bareness exalted by palms,
I see the whitecaps of your shoulders
in the helpless marble leap,
fragile flight that shatters in the water.

Her gaze radiates the blue of fables
and a rumor of seashores trembles on her lips.
The waves in perennial geometry come in

a mezclar su compás a nuestro abrazo
mientras el mar mueve sus máquinas
bajo la claridad de frías devastaciones.

Tú sonríes desde el borde de un éxtasis desnudo
y despiertan de pronto los júbilos arcanos,
pero la forma sólo responde por el tacto.
Una caricia flota desprendida del mundo.

TRANSFIGURACIÓN

Busco en la soledad pensada para pianos
la memoria de fuentes que dicta su presencia;
el verano sofoca los frutos de sus senos
y un éxtasis de estrellas colma nuestro silencio.

Abismado en sus ojos de infinita nostalgia
imploro su respuesta blanca y vaga de estatua;
las palabras expiran sacudidas de vuelos
y mis manos expertas descifran sus cabellos.

Cediendo a mis caricias una rosa sangrante
su seducción mortal, al fin, se hace visible;
transparece en la carne un sueño de jardines
y despierta en mis brazos cambiada por la tarde.

to mix their rhythm with our embrace
while the sea moves its machines
beneath the clarity of cold havoc.

You smile from the edge of a naked ecstasy
and suddenly mysterious joys awaken,
but the form only responds by touch.
A caress floats detached from the world.

Transfiguration

In piano solitude I try to
remember the fountains that proclaimed her presence;
summer suffocates the rise and fall of her breasts
and an ecstasy of stars fills our silence.

Engulfed in her eyes of infinite nostalgia
I implore her vague white statue reply;
the words expire shaken from flying
and my expert hands decipher her tresses.

Giving in to my caresses a bleeding rose
her mortal seduction, at last, appears;
a dream of gardens is revealed in the flesh
and she awakes in my arms changed by the night.

Mensaje

Para Mireya y Manuel

Sombra, cielo, misterio tremante entre ramajes,
jardín que junio enciende con la luz flava y ardiente.
¡Oh belleza inefable que a mí llegas sonriente
sobre olas de ausencia y polvosos mirajes!

Cuando en la soledad, el tiempo detenido,
en secreto me entregue su más bello presente,
la piedad y el furor se habrán ya confundido,
mas brillará el deseo de tu fuerza impaciente.
Ven entonces con manos de nácar y de olvido:
apaga tú esa fiebre y serena esa frente.

Message

For Mireya and Manuel

Shadow, sky, mystery trembling in the branches,
garden that June ignites with ardent honey-colored light.
Oh ineffable beauty you come to me smiling
over waves of absence and dusty mirages!

When in solitude, time, stopped,
in secret hands to me its most beautiful present,
compassion and rage will already be mixed up,
but the desire of your impatient force will shine.
Come then with your pearly forgiving hands:
extinguish that fever and calm that brow.

Poemas No Coleccionados

Personas y Retratos

Esas cursis románticas ...

Esas cursis románticas de los ojos rasgados
que hemos visto en los bailes silenciosas llegar,
con la mano en los senos levemente ondulados,
semi-espejan saludos mixtilíneos de frac.

Y en la enferma sonrisa de los labios pintados
la nostalgia se asoma cuando tocan un vals,
tal parece que añoran viejos bailes pasados
del invierno que nunca ya jamás volverá.

A veces en la punta de un saludo mundano,
nos alargan la pulcra laxitud de una mano,
meñiquelescamente, como haciendo un favor,

y en las caras clownescas, la boca ensangrentada
se rasga en un fruncido, cual si una puñalada
partiera en dos mitades un breve corazón.

Uncollected Poems

People And Portraits

THOSE ROMANTIC SNOBS [1919]

Those romantic snobs with almond eyes
whom we have seen at dances arrive silent,
with hand on lightly undulant breasts,
semi-mirror dress-up mixtilinear greetings.

And in the sick smile of painted lips
nostalgia shows its face when a waltz is played,
such that it seems they long for old outmoded dances
from a winter that never ever will return.

Sometimes on the tip of a mundane greeting,
they extend us the exquisite limpness of a hand,
pinky-fied, like doing a favor,

and in the clownish faces, the bloodstained mouth
dies in a pucker, as if a dagger stab
had broken in two halves a brief heart.

A Gloria Campobello

Como danza gozosa por la orilla
que sigue un vivo imaginar divino
la ciñe el viento peregrino.
Mi mensaje la alcanza en la mejilla.

¿Qué pretende de mí la maravilla,
el mármol blanco que del Ponto vino
y en un ciego tumulto de contino
a su pasión de espumas me arrodilla?

Ondea su flagrante cabellera,
ensortijado hechizo de la primavera,
en el misterio de la tarde pura,

y me rindo a sus gracias inmortales
viendo correr las márgenes navales
de donde nace y muere su hermosura.

To Gloria Campobello [5]

As she dances joyfully along the shore
that follows a lively divine imagination
the wandering wind encircles her.
My message catches her on the cheek.

What does this marvel want from me,
white marble that came from Ponto
and in a blind commotion of continued strikes
makes me kneel at her white-cap passion?

Her wild tresses wave,
curly sorcery of spring,
in the mystery of a pure afternoon,

and I surrender to her immortal graces
seeing the water's edge run
from where her beauty is begins and ends.

---

5   A famous dancer in Mexico.

A Idolina Romagnolli

Escucho en el silencio de soledad colmado
el recurso de un trino que interpone la tarde,
bajo la fresca sombra del azul cobarde.

¡Oh delicia imperante
del musical gorjeo!
Comparado
al andante
de su voz, el discurso encumbrado
es un fútil gangueo.

¡Oh los mágicos gozos!
Viviente hermosura,
alianzas con la verdura
sobre el prado de nuestros retozos.

¡Osado aquel
que intente copiarte
—-paradigma del arte—
por buril o pincel!

Trémulo palpitar,
locura o razón
de no poder sujetar
la instancia de la ocasión.
Yo tengo la quemadura
de su visitación,
y el mar

TO IDOLINA ROMAGNOLI [6]

I hear in the loneliness-filled silence
the appeal of a trill that interjects the afternoon
under the cool shade of the timid blue.

Oh prevailing delight
of musical warbling!
Compared
to the andante
of her voice, lofty speech
is a trivial twang.

Oh magical pleasures!
Living beauty,
alliances with the verdure
of the meadow of our frolicking.

How dare they
try to copy you
–the way of art–
by burin or brush!

Tremulous heartbeat,
insanity or reason
of not being able to capture
the petition of the moment.
I have the burn mark
from her visitation,

---

6   A famous singer. She appeared in the first Mexican movie with sound.

la ternura
de su despertar.

A UN RETRATO

De tarde en el azul aparecida,
en gala de otro tiempo, los cabellos castaños
con colores de Rubens el pincel de la vida
ha pintado la rosa de sus mágicos años.

En sus ojos serenos como en los claros lagos
avistamos las lindes de los países vagos;
reprimido en sus manos hay un vuelo de encajes
y en su alma el encanto de los hondos celajes.

Cuando el tiempo destruya su belleza imperante
y ya no pueda ver su sonrisa sedante,
brillará sobre el polvo de alguna galería

su minuto de gracia para la eternidad.
¡Que la pintó, dirán, la fantasía,
pero yo sólo supe que eras pura verdad!

A UN AMIGO[*]

Aunque a su corazón le fatigue la espera
volveré a verlo antes de que decline el año.
Auguro que los campos claros de primavera
iluminen su alma con el frescor de antaño.

Yo no sé por qué fui a remotas fronteras,
en busca de otros cielos como los emigrantes,

---

[*] Heriberto Jara

and the sea
the tenderness
of her awakening.

To a Portrait

She appeared in the blue of evening,
dressed in the elegance of another time, her chestnut hair
with Rubens' colors the paintbrush of life
has tinted the rose of her magical years.

In her serene eyes as in clear lakes
we glimpse the shores of misty countries;
held tight in her hands is a ruffle of lace
and in her soul the spell of deep clouds.

When time destroys her reigning beauty
and her soothing smile can no longer be seen,
above the dust of some gallery

her moment of grace will shine for all eternity.
She was painted from a dream, they will say,
but only I know that you were truly real!

To a Friend *

Although your heart may tire of the wait
I will see you again before the year is out.
I predict that the clear fields of spring
will illuminate your soul with the freshness of yesteryear.

I don't know why I went to far-off lands,
in search of other skies like emigrants,

---

* Heriberto Jara

cuando gloria y honores no son más que quimeras.
¡Ah el río de la belleza! ¡Ah, mirajes distantes!

Mucho lo he recordado en los tiempos postreros:
en un tren, a la orilla del mar, en los senderos
de un parque, en el silencio de una sala vacía.

Sueño que un día elevemos nuestra copa espumante
y que apunte en sus ojos aquel fulgor chispeante
de cuando gobernaba y a la vez combatía ..
.

when glory and honors are no more than chimeras.
Oh river of beauty! Oh distant mirages!

I have remembered you much in the time gone by:
on a train, at the seashore, on the paths
of a park, in the silence of an empty room.

I dream that one day we will raise a bubbly glass
and I will spot in your eyes the old sparkling glow
of when you governed and at the same time fought ...

MARÍA ISABEL

María Isabel, azul, rosa,
niña de mi expectación,
tú entras en el mundo
cuando me marcho yo.

La vida dura un segundo,
apenas es, ya pasó.
Vas a decirme una cosa:
¿Viviré en tu corazón?

De pie, ante mí, inocente,
cae un púrpura claror
de estrellas sobre la frente.
Por la gracia de tu amor,
cuando me mires de lejos,
haz que envuelto en tus reflejos
sea menos mi dolor.

María Isabel [7]

María Isabel, blue, pink,
girl of my expectation,
you enter the world
just as I am leaving.

Life lasts a second,
it barely is, and it is over.
Tell me one thing:
Will I live on in your heart?

Standing, before me, innocent,
a purple clarity of stars
falls over your brow.
By the grace of your love,
when you look at me from afar,
make it so that wrapped in your reflections
I may feel less pain.

---

[7] María Isabel Maples, granddaughter of the poet.

ELEGÍA A IGNACIO MILLÁN

Antes de que empezara mi viaje por el mundo,
mi hermandad con Millán era ya fruto cierto.
De su balcón veíamos remecerse los barcos
sobre el sedeño azul de la mar incesante.
Leíamos a Shakespeare y a Goethe los dos juntos
con el alma en un puño, pues buscábamos ambos
los niveles más altos que se asigna el espíritu.
Un dulce deporte consumía nuestros sueños:
seguir a las muchachas por las calles del puerto.
En Jalapa, vergel de arreboladas tardes,
¡qué alegría verlo! Traía consigo siempre
las novedades de la *Revista de Occidente*:
El Espectador de Ortega y Gasset,
embeleso, poesía, rosas de Aranjuez;
La Decadencia famosa de Oswald Spengler,
del que amaba lo fáustico,
o las *Cartas Biológicas* que escribió Von Uxwell
celebrando una dama,
tersas como el cuerpo de una mujer,
libros henchidos de encanto y pensamiento
que eran una fiesta del alma y los sentidos.
Entonces aprendí que el estremecimiento
es la mejor parte de las vidas humanas.
Como otros ahora quieren cambiarlo todo,
ahondábamos nosotros en el ser y lo eterno.
En un jardín de enhiestas araucarias
entumidos por los vientos del Cofre
glosábamos los folios últimos del otoño.

ELEGY FOR IGNACIO MILLÁN [8]

Before I started my trip around the world,
my brotherhood with Millán was already certain fruit.
From his balcony we could see the ships rocking
on the silky blue of the incessant sea.
We would read Shakespeare and Goethe together
with our soul in a fist, for we both were searching
for the highest levels that the spirit assigns.
A sweet sport consumed our dreams:
to follow girls on the streets of the port.
In Jalapa, orchard of red sunset evenings,
what happiness to see him! He always brought with him
the latest from *Revista del Occidente:*
Ortega y Gasset's *El Espectador,*
fascination, poetry, roses from Aranjuez;
Oswald Spengler's famous *Decadence,*
in which he loved the Faustian,
or the *Biological Letters* that Von Uxwell wrote
celebrating a lady,
smooth like the body of a woman,
books filled with charm and thought
that were a feast for the soul and the senses.
It was then I learned that trembling with emotion
is the best part of human lives.
Just as others now want to change everything,
we delved deeply into being and eternity.
In a garden of tall straight pines

---

8   Ignacio Millán, a military doctor in his youth, won a Rockefeller scholarship to study cancer in New York, and married American journalist Verna Carleton.

Cuando en Veracruz yo, una vez, gobernaba
le encomendé un asunto que tenía sus bemoles:
un general siniestro, de estirados bigotes,
ahorcaba campesinos sin formación de causa,
desolando los campos con sanguinaria saña.
Abnegado aceptó con un gesto cumplido.
Lo enfrentó el bufón trágico jactándose de hombre;
tranquilo respondióle, que también él lo era.
Bregaron largamente con un encono vivo
—razones diamantinas contra bravatas necias—.
Pero Millán más firme ahincaba sus rejones.
Vuelve a su acometida, al fin lo desfachiza
y le arranca la máscara de señor de la muerte.
Tal fue mi camarada de aquel tiempo difunto.
Hay cosas que se ignoran y no dice la historia
pero que la poesía ha de poner en claro.
Tenía Millán el habla de la gente norteña
y un aire triste y distraído.
Compartía con Schweitzer, de la música el gusto:
sus manos imantadas recorrían el teclado
donde pasaba en éxtasis horas desafectadas,
cuando cuerpos y bienes no son ya repartibles
y nos hallamos solos frente a las estrellas.
Parecía salir de una antigua balada.
Este Ignacio que canto con palabras moradas
no anduvo en redondeles entre amarillos ternos
y azules monosabios como el de García Lorca,
citando toros bravos y esquivando el embite
con el garbo y la gracia que es gloria de tendidos,
pero os aseguro que valía un as de oros.
Él miraba tan sólo el cincho del Zodíaco
y la constelación de Cáncer, cerca de Tauro,

numbed by the winds from the Cofre volcano
we would gloss autumn's latest folios.
Once in Veracruz when I was governing
I entrusted him with a difficult situation:
a sinister general with a long stiff moustache
was hanging peasants without cause,
ravaging the countryside with bloodthirsty rage.
Unselfishly Millán accepted with a polite gesture.
The tragic buffoon confronted him boasting of manliness;
calmly he replied, that he was a man, too.
They quarreled at length with intense fierceness
–crystal-clear reasons against foolish bragging–.
But Millán more firmly asserted his lances.
He attacks again, in the end he undoes him
and tears off his lord of death mask.
Such was my comrade of that bygone era.
Some things are not known and history does not tell them
but poetry should make them clear.
Millán spoke with a northern accent
and a sad and distracted air.
With Schweitzer he shared his taste in music:
his magnetized hands ran across the keyboard
where he would spend unaffected hours in ecstasy,
when bodies and things are no longer separable
and we find ourselves alone facing the stars.
He seemed to come from an ancient ballad.
This Ignacio that I laud with noble words
did not frequent arenas among golden suits
and charming bullring attendants like the one in García Lorca,
quoting the names of fighting bulls and dodging the horn
with the poise and grace that delight the lower rows,
but I assure you that he was worth an ace of diamonds.
With just a glance at the Zodiac's belt
and the constellation Cancer, near Taurus,

vigilaba las células y su orden simétrico,
y sajaba en la carne hasta los entresijos.
A su perfil rendía las lánguidas mujeres,
y a una de mis primas la tenía fascinada.
Posiblemente alguna habría perdido el pulso,
pero nunca abusó de sus viriles fueros.
He aquí a mi héroe en Nueva York, becado
por John D. Rockefeller para seguir la lucha
contra el pulpo de seda engrafiado en la carne.
Está enamorado de una joven rubia
que escribe una columna en el *World Telegraph*.
Una foto borrosa recuerda nuestra imagen
igual que si estuviéramos al fondo de un estanque
de hojas apagadas por la estación cobriza.
Desde Radio City admiramos a Manhattan, la líquida,
ceñida por el Hudson, East River y las
lejanías espumosas de Long Island.
Al caer de la tarde fuimos a pasearnos
a Riverside Drive, del brazo.
Un otoño bermejo venía de Massachusetts,
donde vivió Dos Passos, que me tradujo *Vrbe*,
y era el más grande de la generación perdida.
Un enjambre de acero zumba entre las astillas,
de un cielo picoteado por estrellas furtivas,
fosforece la risa carmín de la muchacha
y los tres nos sentimos vivamente felices.
Rodeado por el éxito, el amor y los votos,
preside la mundial avanzada de un sueño.
Millán va por el mundo, siempre preocupado.
Vive modestamente. Su juventud medita,
pues el dolor lo agobia
y su angustia es muy honda frente al mal deplorable

eyeing the cells and their symmetrical order,
he would lance the flesh to the entrails.
In profile he conquered languid women,
and fascinated one of my cousins.
One or two may have fainted,
but he never abused his virile privileges.
Here is my hero in New York, with a grant
from John D. Rockefeller to continue the fight
against the silk octopus marked in the flesh.
He is in love with a blonde girl
who writes a column in the *World Telegraph*.
A blurry photo recalls our image
as if we were at the bottom of a pool
of leaves faded by the coppery autumn.
From Radio City we admired Manhattan, watery,
encircled by the Hudson, the East River and
the distant wavy shores of Long Island.
At nightfall we went to stroll along
Riverside Drive, arm in arm.
A vermillion autumn was coming in from Massachusetts,
where Dos Passos, who translated my *Urbe*, lived,
and was the greatest of the lost generation.
A swarm of steel buzzes in the splinters
of a sky pecked by furtive stars,
the girl's crimson laughter phosphoresces
and the three of us feel wonderfully happy.
Surrounded by success, love and good wishes,
the universal advance guard of a dream presides.
Millán travels the world, always worried.
He lives modestly. His youthfulness meditates,
because pain burdens him
and his anguish is very deep when confronted with deplorable illness

especialmente cuando alcanza a un ser querido,
su mujer, su hermana, un íntimo amigo.
Lector, ¿alguna vez tuviste tú un amigo?
¿Conociste, por gracia, la amistad verdadera?
¿No es acaso una estrella, una alta esperanza,
una fuerza tangible que tiene nuestra barca
confiada contra el viento que azota la ribera?
Millán tendía su brazo, su corazón verídico
en generosa ayuda, pero falta de pronto,
la obscuridad le cubre los ojos para siempre,
y nos hunde en la noche de un tiempo desvalido.
¡Ay! mi llanto
corre por el silencio que esconden las ciudades.
Profetisa del sueño, haz tú este milagro.
Regrésame su sombra, aunque esté más oscuro
que el mismísimo Fausto ¡él tan claro!
y permite que venga
a respirar conmigo el aire del poema.
Las viejas disciplinas de los poetas trágicos
llegan hasta la arena manchada de cadáveres,
frente al mar y las olas que en voz alta te nombran:
Millán, Millán, Millán, te llaman las sirenas
desde la niebla inmensa de mi vieja memoria.
Cuando llega el crepúsculo me quedo pensativo
y me digo a mí mismo, ante tu apagamiento:
tú ya no tienes penas, ni yo tengo sosiego.
Duerme, querido amigo, el sueño del olvido.
La vida es lo que huye, y su furor, la nada.

especially when it reaches a loved one,
his wife, his sister, a close friend.
Reader, have you ever had a friend?
Have you known, by grace, true friendship?
Is it not perchance a star, a high hope,
a tangible force that keeps our ship
confident against the wind that lashes the shore?
Millán always lent a hand, his true heart
in generous help, but suddenly gone,
darkness covers his eyes forever,
and plunges us into the night of a needy time.
Oh! my weeping
runs through the silence that cities hide.
Prophetess of dream, perform this miracle.
Bring his shadow back to me, even if it is darker
than Faust himself—he, so clear!
and let him come
to breathe with me the poem's air.
The old disciplines of the tragic poets
reach the cadaver-stained sand,
facing the sea and the waves that call out your name:
Millán, Millán, Millán, the sirens call you
from the immense fog of my old memory.
When dusk arrives I remain pensive
and I tell myself, contemplating your demise:
you no longer feel sorrow, nor I peace.
Sleep, dear friend, the sleep of oblivion.
Life is fleeting, and its fury, nothingness.

Estrofas para un amigo
(En el ochenta aniversario de
Germán List Arzubide)

La plaza dorada

Te escribo de un café de una plaza de ayer,
quizá la más hermosa de cuantas conocí.
El sol apenas dora su gracia de mujer:
el tiempo y la historia están frente a mí.

Es primero de mayo y llevo en el ojal
la brizna de muguet que me prendió mi amor,
como augurio dichoso en este mes floral.
Miro a veces la plaza y contemplo la flor.
Tengo pocos amigos, la mayor parte han muerto,
estoy casi solo como en el desierto,
y resuena en mi pecho un lejano fragor.

Confrontaciones

Si al cumplir los 80 el payaso te hablara,
te diría cosas duras de hacerte estremecer,
pues ya no hay sonrisa para alegrar tu cara:
pobre arbusto florido que tunde una mujer.

¡Lástima que ya tarde te llegó la lección,
cuando la noche emprora su sombra a tu balcón!

Porque una vez a Francfort llevaste una bandera
que un joven guerrillero capturó al invasor.

Poems for a friend
(On the 80th birthday of
Germán List Arzubide)

The golden plaza

I write to you from a café in a plaza from bygone days,
perhaps the most beautiful of all I have seen.
The sun gently gilds its feminine grace:
time and history are here before me.

It is the first of May and I wear in my lapel
a sprig of lily of the valley given by my love,
as a symbol of spring in this month of flowers.
I look around at the plaza and I contemplate the flower.
I have few friends, most have died,
I am almost alone as in a desert,
and a distant rumble echoes in my heart.

Confrontations

If on your 80th birthday the joker were to speak to you,
he would tell you things that would make you shudder,
for there is no more smile to cheer your face:
poor hedge pruned by a woman!

What a shame that you learned your lesson late,
when night's shadow sets its prow to your balcony!

Just because once to Frankfurt you carried a flag
that a young warrior captured from the enemy,

¿Pretendes que el aplauso se oiga en la tierra entera
y que todos te admiren por tu inmenso valor?

¿Por qué andas contando que yo soy liberal?
Yo con Adam Smith no tengo ningún trato
y apenas si en la escuela conocí su retrato.
En serio te lo digo, pues mis maestros son:
Don Quijote, Hamlet, Dante y el Mago Simón.

En las brumas del yo, ser yo es esencial.
Mi crítica comienza a partir de mí mismo,
y no es importante que esté cerca el abismo.
Asumo lo fatal.
¡Ya resuenan los cascos de los temidos potros!
Miro dentro de mí. Me aparto de los otros.
¡Que los perros se pongan a ladrar!
La caravana pasa sin quisiera voltear.

Encuentros

Haz mejor el balance de tus bienes y males.
En un pueblo perdido te encontraste a Cueto.
Andaban por la sierra, de maestros rurales,
henchidos de proyectos. Llegaron a caballo.
El escultor dinámico de la inquietud constante,
buscador pitagórico de lo nuevo y cambiante,
era flaco y chispeante, parecía un esqueleto
de Posada, saliendo, alegre, de la huesa.
Lo pintó Ramón Alva con copete de gallo:
quedó todo su estilo en el cuadro señero,
plano como baraja y color de frambuesa.
Tú, viéndolo, exclamaste jubiloso, el primero:

you claim that the applause is heard over all the land
and that everyone admires you for your great valor?

Why do you go around saying that I am a liberal?
I with Adam Smith have nothing in common,
in school I barely saw his picture.
Seriously, I am telling you, my teachers are:
Don Quijote, Hamlet, Dante, and Simon Magus.

In the confusion of self, being true to oneself is essential.
My criticism begins with me,
and it doesn't matter that I am near the abyss.
I assume the inevitable.
The hooves of the dreaded horses already sound!
I look into myself. I withdraw from others.
Let the dogs begin to howl!
The caravan passes without even turning.

ENCOUNTERS

Do a better job of balancing your good and your bad.
In a far-off town you met up with Cueto.
You were both in the mountains, as country teachers,
full of projects. You got there on horseback.
The dynamic sculptor constantly restless,
Pythagorean searcher for the new and changing,
he was skinny and sparkling, looking like one of Posada's
skeletons, emerging, happy, from the grave.
Ramón Alva painted him with a rooster's crest:
all of his style was there in that unique portrait,
flat as a deck of cards, and raspberry colored.
You, seeing him, exclaimed joyfully, the first:

—¡Me gusta para amigo el del ancho sombrero!
Del alma te salió aquel grito sin precio.
En la noche hubo baile. Una sola beldad
había en el lugar. La exhibiste a los vientos
lo mismo que un cirquero que salta del trapecio.
Mil mentiras contaste como reales eventos.
Entre copas de vino se pusieron contentos,
y cuando se dispersaron en la soledad
del pueblo, comenzó una larga amistad.
Tan sólo por poner en Flandes una pica,
escribiste de Brujas, con el otro Germán:
¡hoy salimos de "brujas"! Sin una perra chica
salieron los dos juntos con rumbo hacia Paname.
Planeabas tú casarte con una viuda rica,
pero no era el camino que va a la Moza Rica.
A lo lejos sombreaban los pantanos de Dâmme.

Muchas veces contaste que por los bulevares
te encontraste una rubia de inverosímil *chic*,
que tenía la fragancia de los nuevos cantares.
(Tú llevabas al cuello tu mascada *batic*.)
—¿De qué país viene este hombre anaranjado? (Sic)
preguntó. Y te dijo: Tú serás mi "béguin",
que Cueto te tradujo muy bien como "pelota",
porque tú de francés no parlabas ni jota.

Y por aquella loca de tan sandía locura
que a ti te volvió loco con la loca aventura,
caíste en la quimera de creerte Don Juan.

Ya eras tú esclavo de la frivolidad
cuando entraste de arriero en la vieja heredad

"I'd like for a friend the guy with the big hat!"
That priceless expression came from your soul.
That night there was a dance. There was just one beauty
in the place. You showed her off to the four winds
like a circus artist on the flying trapeze.
You told a thousand lies as real events.
Between glasses of wine you all got happy,
and when you went out into the loneliness
of the town, it was the beginning of a long friendship.
Just because you pulled off something costly,
you wrote from Bruges, with the other Germán:
"Today we left flat broke!" Without a nickel in your pockets,
you left together and headed for Paname. [9]
You planned to marry a rich widow,
but it wasn't the route that leads to Lady Luck.
In the distance, the bogs of Dâmme cast their shadows.

Many times you told the story of how along the boulevards
you met a blonde of unusual chic,
who wore the perfume of the new songs,
(You wore your silk batik ascot around your neck.)
"What country does this orange man [sic] come from?"
she asked. And she told you: You will be my "béguin," [10]
which Cueto translated cleverly for you as "ball,"
because you didn't speak a word of French.

And because of that crazy woman of such foolish craziness
who made you crazy with crazy adventure,
you fell into the pipe dream of believing yourself to be Don Juan.

---

9   Paris.
10   Crush (amor).

con Laborde (un poeta mediano), Lombardo,
Campa y Velasco. Nuestro amigo el panadero,
recuerdo que una vez le saltó al letrado
fulgurante y certero,
    como un gato pardo,
    creo que cuando aquel
    rindió los sindicatos
    al grupo de Fidel
    y los cinco lobatos.
Tú esperabas entonces que alzaran el telón:
el aplauso y el público fueron tu perdición.

LA MÁSCARA

¡Oh! ¡Tú que palideces al nombre de Vancouver!
como dice Thiry, el poeta soldado.
Sácate la verdad de lo más entrañado.
Confiesa ante tu amigo,
que es poeta y testigo.
Tú tenías en Puebla aquella novia púber
de floridos balcones que dejaste plantada
en la ciudad angélica de luz azulejada.

Como un vendaval de hojas azotadas,
huyendo de un motín de palos y emboscadas
una tarde a mi casa llegaste acompañado
de Leopoldo Méndez, nuestro amigo llorado,
con unas raspaduras que mi madre curó.
Sentada en su butaque claramente la veo
aplicándote árnica y un ligero parcheo,
con la misma dulzura que a un hijo feo.
Todavía esa tarde preparó unos tamales

You were already a slave to frivolity
when you entered the old country estate like a mule driver
with Laborde (an average poet), Lombardo,
Campa and Velasco. Our friend the baker,
I remember that one time he confronted the intellectual
in a flash and right on target,
        like a wild cat,
        I think it was when he
        surrendered the unions
        to Fidel's group
        and his five little wolf cubs.
You were hoping then that the curtain would raise:
the applause and the audience were your downfall.

THE MASK

Oh! You who pale at the name of Vancouver!
as Thiry says, the poet soldier.
Bring truth up from your innermost feelings.
Confess before your friend,
who is poet and witness.
In Puebla you had that adolescent girlfriend
of flowery balconies that you stood up
in the angelic city of tiled light.

Like a storm of wind-whipped leaves,
fleeing from a riot of sticks and ambushes
you showed up at my house one afternoon with
Leopoldo Méndez, our mourned friend,
with some scrapes that my mother treated.
I can see her clearly seated in her armchair
applying arnica and a little medicated plaster,
with the same sweetness as to an ugly son.
Later that afternoon she made some tamales

(que eran, tú dijiste, un poema enrollado),
usando hojas de plátano, el amable secreto
de su ingenio y el gusto de las tierras natales.

Tú llevabas la máscara caníbal en que Cueto
fijó tu risa abrupta, como un lírico reto.
¿Quién no te reconoce? Es ese tu retrato
y no le hace falta ni el menor garabato.

Cuando te pasó el susto te erguiste engallado,
como si estuvieras arengando de un estrado:
"En aquella refriega mi mano levantó
la bandera del pueblo que un cobarde tiró,
y en cuanto a mis heridas, me curo con saliva."
¡Oh hombre empavesado que te ciñes de oliva!
Entonces sólo había cicateros mitotes,
un solo Huitzilac, pequeños Topilejos,
pero no Tlatelolcos, ni siquiera de lejos,
porque sólo se usaban mangueras y garrotes,
y no la vil metralla de las grandes matanzas
que en octubre dejaron tan sangrientas labranzas.
¡Las cosas que han pasado en el México aciago!
¡Hay crímenes peores que los del mismo Yago!

El País de la U

Aviador temerario que los cielos cruzaste,
con la gorra en la mano, a Moscú saludaste.
Hiciste una pirueta frente a San Basilio,
fuiste a Samarcanda en busca de un idilio,
el corazón robaste a La Dama de Pique
y un capullo dejaste. Ser Don Juan es tu tic.

(that were, you said, a rolled-up poem),
using banana leaves, the dear secret
of her genius and the style of her hometown.

You wore the cannibal mask in which Cueto
captured your quick laugh, like a lyrical defiance.
Who wouldn't recognize you? That is your portrait
and it needs no label.

When you had calmed down you sat up haughtily
as if you were giving a speech on a stage:
"In that scuffle my hand raised
the people's flag that a coward threw down,
and as regards my wounds, I cure myself with saliva."
Oh self-decorated man encircled with olive branches!
Back then there were only simple skirmishes,
only one Huitzilac, small Topilejos,
but no Tlatelolcos, not even from afar,
because they only used hoses and clubs,
not the vile machine guns of the huge killings
that in October left such bloody fields.
The things that have happened in the black days of Mexico!
There are worse crimes than those of Iago.

THE U COUNTRY

Reckless aviator who crossed the skies,
with hat in hand, you saluted Moscow.
You did a pirouette in front of St. Basil's,
you went to Samarkand in search of an idyll,
you stole the heart of *the Queen of Spades*
and left behind a flowerbud. Being Don Juan is your tic.

INTERROGACIONES

Cuéntame ahora algo que sea de importancia.
¿Florecieron de nuevo las rosas de Juan Diego?
¿El Ego del gobierno es ya el otro Ego?
¿La ciudad se embalsama con la misma fragancia?
¿Te paseas todavía por la calle Madero?
¿Comes y bebes bien? ¿Muerdes en la manzana?
¿Del placer de la carne sientes aún la gana?
¿Andas como siempre alegre y bullanguero
contando tus hazañas con gesticulaciones,
por cafés y oficinas, por bares y panteones?
¿Sigues enamorado de la Maja Desnuda?
Entre el tiempo y su cuerpo ¿no hay un pliegue de duda?
¿Estás con tu orgullo plantado en una Esquina
y la Internacional canturreas en sordina?
¿Queda algo que palpite en tu vida azotada,
una flor, una risa, una larga mirada?
¿Gallardo todavía piensas alfombrar la vida
con los pétalos nuevos de la canción perdida?
¿Cuántos jueces sostienen de verdad la justicia?
¿Hay quien se rebele contra la impudicia?
Trata, como en la Biblia, de encontrar a "Diez Justos"
y pregunta a los que parezcan más adustos,
si habrá nombres de calles para Bassols y Jara,
héroes de romancero, sin falta y sin tara.
Queda la de Esperanza,
que en otra lontananza
fue amante de un Regente.
¿Oíste algo igual de la "perduta gente"?

INTERROGATIONS

Now tell me something of importance.
Did Juan Diego's roses bloom again?
Is the government's Ego now the other Ego?
Does the city still perfume itself with the same fragrance?
Do you still go for walks along Madero Street?
Do you eat and drink well? Still bite a good apple?
Do you still fancy the pleasures of the flesh?
Do you go around happy and rowdy as usual
telling your exploits with faces and gestures
around cafés and offices, bars and cemeteries?
Are you still in love with *La Maja Desnuda*?
Between time and her body, is there not a wrinkle of doubt?
Do you stand proudly on a street *Corner*
softly humming the Internationale?
Is there something that still palpitates in your flogged life,
a flower, a laugh, a long look?
Debonair are you still planning to carpet life
with the new petals of the lost song?
How many judges truly support justice?
Is there anyone who rebels against shamelessness?
Try, as in the Bible, to find "Ten Just Men"
and ask those who seem the most austere,
if there will be streets named after Bassols and Jara,
legendary heroes, without fault and without defect.
Then there's Esperanza,
who long ago and far away
was the lover of a Regent.
Have you heard anything similar about the *"perduta gente"*?

No pronuncio su nombre porque está ya muerto,
y no tiene defensa, ni abrigo, ni puerto.
Pero en verdad te digo que era un gran pillo
y tan sólo merece mi desprecio amarillo.
Sin embargo, no es esto, lo que a mí me espanta,
sino la indiferencia con que el pueblo aguanta.

El Vals del Peyote

Si vas por el desierto hay un pueblo en cuclillas,
no preguntes qué hace: viendo está maravillas.
En bermejos crepúsculos y lívido de tedio
pasa su vida entera de espera sin remedio.

Si Xochipili te ofrenda un ramo de flores,
no es la primavera de los suaves alcores:
son tan sólo los cardos de ásperos desiertos
envueltos en el polvo de los recursos muertos.

Si alguien por el camino te grita ¡Adelante!
es porque falsa ruta hace en el mismo instante.
Pero tú no por eso vas a fruncir el ceño,
pues sabes que sí, es no, donde la vida es sueño.

Los pesos que tú ves flotando en los mercados
como peces de plata que parecen volar,
son turbios espejismos de remotos pasados,
una ópera ñoña que nadie ha de cantar.

Los emblemas de gloria, blasones y colores
que ondulan contra el cielo y tomas por banderas,
son tan sólo tendidos de pobres lavanderas

I won't say his name because he is dead,
and has no defense, nor shelter, nor port.
But in truth I tell you that he was a big scoundrel
and deserves only my yellow scorn.
Nonetheless, this is not what frightens me,
but rather the indifference with which the people put up with it.

The Peyote Waltz

If you go to the desert there's a crouching people,
don't ask what they're doing: they are seeing wonders.
In vermilion sunsets and livid with tedium
they spend their whole life in helpless waiting.

If Xochipili offers you a bouquet of flowers,
it is not the springtime of soft hills:
they are only the thorns of harsh deserts
wrapped in the dust of dead resources.

If anyone along the path shouts Onward! to you
it is because he's leading you the wrong way.
But that won't cause you to frown,
because you know that yes, is no, where life is a dream.

The coins that you see floating in the markets
like silver fish that seem to fly,
are blurry mirages from remote pasts,
an insipid opera that no one will sing.

The emblems of glory, blazons and colors
that wave against the sky and you take to be flags,
are only laundry hung out to dry by poor washerwomen

que lavan en un charco su ropa y sus amores.

La lujosa chatarra por la calle estragada,
y los barcos de vidrio que no saben flotar,
son infames ludibrios de una mascarada
que no limpian los siglos ni las aguas del mar.

Las flores y los frutos de nuestra cornucopia
que contemplan tus ojos como sueños de miel,
¿qué son sino quimeras de nuestra triste inopia,
los terrones del tiempo, del milagro la hiel?

Si hasta el fin de la noche te llega una sonrisa
y la patria te dice que quiere hacerte honor,
es la voz del fantasma vago de Mona Lisa
que se acerca de puntas, y en tu alma desliza
un arsénico dulce, un engaño en su flor.

Ese vals que escuchaste transportado de gloria
¿es la vida que gira y girar es vivir?
A las vueltas del tiempo, repasando tu historia,
te responden las olas que girar es morir.

¡Ay, amigo del alma, que crees ser el maligno!
¡Que las ascuas son rosas que acarician tus pies!
¡Inocente del mito que te asombras del signo,
que pierdes el horóscopo y ves lo que no es!

No creas a tus ojos si hacia ellos aflora
la princesa oferente, cuyo nombre es Flor,
que llevaba en su seno para el rey una aurora
junto con el hijo de su blanco licor;

who wash in a puddle their clothes and their loves.

The posh junk spoiled on the street,
and the crystal boats that cannot float,
are infamous mockeries of a masquerade
that neither the centuries nor the seas can wash away.

The flowers and fruits of our cornucopia
that your eyes contemplate like dreams of honey,
what are they but chimeras of our sad poverty,
the lumps of time, the bitterness of miracle?

If by the end of the night a smile comes to you
and the homeland tells you it wants to honor you,
it is the voice of the wandering ghost of the Mona Lisa
who approaches on tiptoe, and into your soul she slips
a sweet arsenic, a blossoming deceit.

That waltz that you heard mesmerized with glory,
is it life that turns and is turning life?
As time passes, reviewing your history,
the waves reply that to turn is to die.

Oh, dear friend, you who believe yourself to be the evil one!
That the hot coals are roses that caress your feet!
Naïve about the myth—you are amazed by the sign,
you don't get the horoscope and see what it is not!

Do not believe your eyes if in them blossoms
the offering princess, whose name is Flower,
who wore the dawn upon her breast for the king
together with the son of his white liquor;

ni a Ilhuicamina, que asoló las Huastecas,
y en las Guerras Floridas fue el Gran Flechador;
ni tampoco al sangrante, lapidado de Chalma,
el más triste y tiznado charrasqueado del alma;
ni a Marina y Cortés, el de las piernas chuecas,
que torturó a Cuauhtémoc con vil iniquidad;
ni a la divina Eulalia de los piadosos huesos
despreciada por sabios sin sapiencia ni sesos.
Los miles de payasos que te hablan con muecas,
Moctezuma, el monarca de la "silla de oro"
y su largo cortejo abigarrado y sonoro
son sólo los delirios de una oscura ebriedad.

Pero si un día acaso por camino llanero
ves que vienen hablando un noble caballero
y un rústico montado en un burro, zaguero
—el primor, el ejemplo de nuestra humanidad—
límpiate bien los ojos, ríndeles el sombrero,
has visto a Don Quijote y a Sancho, su escudero:
viste la eternidad.

Allá lejos, muy lejos hay un pueblo perdido
entre cactus y breñas y un nevado volcán.
Una inmensa corriente de podre lo ha tendido,
la náusea, el olvido y las piedras por pan.

Tú, como los huicholes, espera las auroras,
y mira cómo pasa la danza de las horas.

nor believe Ilhuicamina, who destroyed the Huastecas,
and in the flower wars was the Great Archer;
nor the bleeding, stoned-one from Chalma,
the saddest, ash-blackened, soul-scarred one;
nor Marina and Cortés, the bow-legged one,
who tortured Cuauhtémoc with vile iniquity;
nor the divine Eulalia of the pious bones
disregarded by know-it-alls without knowledge and without brains.
The thousands of clowns who speak to you making faces,
Moctezuma, the monarch from his "golden throne"
and his long colorful resounding entourage
they are only the delirium of a dark inebriation.

But if one day by chance along a lowland path
you see approaching a noble knight speaking
with a peasant riding a donkey, lagging behind
–the exquisite example of our humanity—
wipe your eyes well, tip your hat to them,
for you have seen Don Quijote and Sancho, his squire.
you have seen eternity.

Out there, far out, there is a lost town
among cactus and scrub brush and a snow-covered volcano.
An immense current of rot has flattened it,
nausea, oblivion and stones for bread.

You, like the *huicholes,* should wait for the dawns,
and watch how the dance of the hours passes.

Alarma

Los negocios del diablo prosperan más que nunca.
Si estallara la guerra sería todo espelunca.
En verdad, en verdad, átomos y neutrones
se esparcen por la tierra. Perecerán naciones,
se borrará la vida, se acabará el gozo,
ya nada crecerá, y el tiempo será un pozo
que vigila en silencio un fantasma homicida.
¡Salud! ¡Salud! ¡Oh hombres de blindados edículos,
os espera la muerte infausta, sin testículos.

Bifurcación

Va llegando la hora de que nos despidamos.
Tú te vas al infierno. ¿No es en lo que quedamos?
Busca en círculos leves a Paolo y Francesca.
¡Que sus lenguas de fuego te sean delicia fresca!
No merecen reproches por sus dulces deslices
pues mucho se amaban, y "no hay nada más triste
en la miseria que recordar los tiempos felices".
Si te encuentras a Arqueles por los desfalladeros
(pues fue amante también, discípulo de Eros),
dile mi voz sentida: que mi amistad persiste.
Un amigo que parte por oscuros senderos
es una sombra más que entra en nuestra vida.

Yo me voy al espíritu, a Dios,
o con Hamlet quizás a la vieja ribera
sin regreso, o a mi infancia marinera.

Alarm

The devil's business prospers now more than ever.
If war were to break out everything would be a dark and gloomy cave.
Verily, verily, atoms and neutrons
spread out across the earth. Nations will perish,
life will be erased, pleasure will cease,
nothing will grow, and time will be a well
that a homicidal phantom watches over in silence.
Cheers! Cheers! Oh men in your bomb shelters,
an unlucky death, without testicles, awaits you!

Bifurcation

The hour of our departure is approaching.
You are going to Hell. Isn't that what we decided?
Look for Paolo and Francesca in the outer circles.
May their fiery tongues be a fresh delight for you!
They do not deserve reproach for their sweet mistake
for they loved each other dearly, and "there is nothing sadder
in misery than to remember the happy times."
If you find Arqueles among the failed fallen
(because he too was a lover, disciple of Eros),
give him my heartfelt word: that my friendship persists.
A friend who departs along dark paths
is one more ghost who enters our life.

I am going to the spirit, to God,
or perhaps with Hamlet to the old shore
without return, or to my seaside youth.

Ser—ahí es lo importante; no estar tumbado.
¿La vida es la muerte? o ¿La muerte es la vida?
¿Es un sueño acaso? ¿El capricho del Hado?

Quién sabe, quién sabe, hay aún que esperar.
Quisiera marcharme, pero antes desalterarme,
y a borbotones beberme el mar.
                    Adiós.

Ars Poética

Hay algo todavía que no debo callar.
Es siempre preferible solamente gustar
a unos cuantos selectos que a mil de lo vulgar.
No busques a la *Plebe*, no sigas las charangas.
No creas que la poesía es un juego de mangas.
Tampoco el espejo del tiempo en que te ves.
Es lo real absoluto como dijo un romántico.
¿El rosal, la mujer, la estrella de mi cántico
o la viva nostalgia de lo que pudo ser?
Poesía es lo que es.
Son *Las flores del mal*, de Carlos Baudelaire,
Rimbaud, Nerval, Stéphan Mallarmé,
maestro de la ausencia y el imposible ¿qué?
Cendrars, Apollinaire.
            Incluyo a las Españas:
A Jorge Manrique, el de la muerte sentida,
Góngora, Quevedo, quien dijo del Osuna:
"Su tumba son de Flandes las campañas
y su epitafio la sangrienta luna",
Juan Ramón, andaluz de universal medida,
García Lorca, el gitano, eterno asesinado,

To be—that is what's important; not to be knocked down.
Life is death? or Death is life?
Perchance a dream? The whim of Fate?
Who knows, who knows, we have yet to wait.
I would like to go, but first to calm down,
and guzzle up the sea.
                    Adieu.

ARS POETICA

There's still something I should not keep quiet.
It's always better to please a select few
than a thousand nobodies.
Don't look for the rabble, don't follow the brass band.
Don't believe that poetry is sleight of hand.
Nor believe the mirror of time in which you see yourself.
It is the absolute reality as a romantic said.
The rose bush, the woman, the star of my song
or the deep nostalgia for what could have been?
Poetry is what it is.
It is *Les fleurs du mal* by Charles Baudelaire,
Rimbaud, Nerval, Stéphane Mallarmé,
master of absence and the impossible "que?,"
Cendrars, Apollinaire.
                    I include the Spains:
Jorge Manrique, of the heartfelt death,
Góngora, Quevedo, who said of Osuna:
"Your tomb is Flanders fields
and your epitaph the waning moon,"
Juan Ramón, Andalusian of universal measure,
García Lorca, the gypsy, eternal martyr,

Aleixandre, el Nobel de vendimias extrañas,
el segundo Machado, el del tiempo y la vida.
A México también con Ramón López Velarde,
el primero en *Zozobra*, sin desdén para tantos
de un afán infinito, cuyo corazón arde
bajo el cielo sediento de pájaros y hechizos
en las altas planicies, y los que nuevos cantos
trajimos de los ríos de viejos paraísos.
La poesía es lo que vive más que una sepultura.
Es la pura excepción. Un soplo de altura.
La flor invulnerable a la espada temida.
El último reducto que nos deja la vida.
Es angustia, horizonte, anhelo del confín.

DESTELLOS

Hoy salí en busca de mi perdida juventud,
y encontré sus destellos: la alegría, la salud,
la amistad, que hacen bien. Expulsa al tiempo ruin,
la polilla, la máscara. Manda a volar el frac.
¡Que el mundo de la mentira y la farsa haga crac!
Recuerda las bellezas de nombre fronterizo:
la danza y el teatro, la poesía y el hechizo.
Tenías tú un apetito de tiburón hambriento;
yo una larga avidez de camello sediento.
El mundo era tan leve: cielo, estrellas, mar,
la aventura infinita como el respirar.
¡De qué mangos, de qué guayas, de qué piñas
                        me perdí,
pues a aquella fruta con olores de campiñas
                        no volví!
Olvida tu cadáver, que nada te atormente,

Aleixandre, the Nobel of rare vintage,
the second Machado, the one of time and life.
Mexico, too, with Ramón López Velarde,
the first in *Zozobra*, without disdain for so many
with infinite zeal, whose heart smolders
under the thirsty sky of birds and magic spells
in the highlands, and we who brought
new songs from the rivers of old paradises.
Poetry is that which lives beyond the grave.
It is the only exception. A wind from on high.
The invulnerable flower of the feared sword.
The last stronghold left to us in life.
It is anguish, horizon, longing for confines.

SPARKS

Today I went out in search of my lost youth,
and I found sparks of it: happiness, health,
friendship, which all do good. Expel vile time,
the moth, the mask. Toss out your white tie and tails.
Let the world of lies and farce crack.
Remember the beauties with foreign names:
dance and theater, poetry and magic spells.
You had the appetite of a hungry shark;
I the long zeal of a thirsty camel.
The world was so light: sky, stars, sea,
adventure as infinite as breathing.
How I lost myself in abundant feminine sweetmeats,
but to those countryside fruits I never did return.
Forget your cadaver, let nothing torment you,
and drink up with me, melancholically,
the last torrents of a cherished day,

y bébete conmigo, melancólicamente,
los últimos raudales de un día acariciador.
¡Porque nunca desertes la amistad y el amor!
Y aun, que en muchos años, lo mismo que en la escuela,
cuando oigas tu nombre, puedas decir ¡Presente!
La vida se marchita con el tiempo que vuela
bajo el veredicto de la luz mortecina.
Tú, vive en mi poema de confeti y carmín.
¡Desastre mexicano! ¡Diana de la victoria!
Poeta, *malgré tout*, y a pesar de la escoria
con una virtud rara que te saca la espina,
y para todos brilla: ser amigo sin fin.

Bruselas, 1° de mayo de 1978

pledging never to abandon friendship and love!
And even, many years from now, as in school days,
when you hear your name, may you still be able to say "Present!"
Life withers away as time flies
under the verdict of the fading light.
You, live on in my poem of confetti and crimson.
Mexican disaster! Diana of victory!
Poet, *malgré tout*, and in spite of the dregs,
with a rare virtue that tames you
and shines for all: being a friend forever.

        Brussels, May 1, 1978[11]

---

11   Maples was writing on the date of his own birthday, May 1 (he would have been 78), but List Arzubide's birthday was May 31 (he was turning 80). Maples knew how long it would take the letter to arrive in the mail from Belgium to Mexico.

Autorretrato con paisaje

No todo en mí es cuerpo, apariencia y figura:
la voluptuosidad enciende mi vivir,
y aunque el sol de mis días ya casi no fulgura
aún me queda un hondo y doliente sentir.

Extraño el ancho mundo de los antiguos viajes.
Contemplo, reflexiono, dramatizo. Sonrío
a mi juventud y al brillo de sus mirajes:
al fondo una atalaya y la cinta de un río.

No vivo del decir sino de lo que hago.
Morir viviendo en la poesía es halago
como brisa que surca un recuerdo naval.

A veces en el alma me prende un sueño vago,
que me deja en un éxtasis, y presiento el amago
de alguien que me mira con un mirar letal.

Self-Portrait with Landscape

Not everything in me is body, appearance and figure;
voluptuousness ignites my life,
and although the sun of my days now barely shines
I still have a deep and aching sentiment.

I miss the wide world of my old travels.
I contemplate, reflect, dramatize. I smile
at my youth and at the brilliance of its mirages:
in the background a watchtower and the ribbon of a river.

I don't live from what is said but from what I do.
To die living in poetry is adulation
like a breeze that plies a memory of the sea.

Sometimes in my soul a vague dream seizes me,
that leaves me in a trance, and I foresee the threat
of someone who looks at me with a lethal glance.

Tres ciudades

A Veracruz

Gaya ciudad de acentos liberales
que ostentas la flor de la sonrisa;
el albedrío marino de la brisa
alborozado corre en tus portales.

Ceñida del azul de tus cristales,
tu palacio es florón de una premisa:
preside las instancias de la prisa
y la locura de tus carnavales.

Ajustada a verdad igual que a norma
proclamaste las Leyes de Reforma
desde el viril coraje de tu orilla.

Tus muchachas de gracia sevillana
pregonan el fulgor de la mañana
y son de tus balcones maravilla.

A Guadalajara

Al pie de tus enhiestas torres, dones
de la belleza son y la apostura
tus mujeres, primores de escultura,
y estampas insurgentes tus varones.

¿Qué más gracia pedir a los blasones
que engalanan el aire de tu plaza,

Three cities

To Veracruz

Colorful city of liberal accents
you flaunt the flower of your smile;
the seaside whim of the breeze
runs joyfully through your arches.

Framed by the blue of your waters,
your palace is the flower of a promise:
it presides over haste's petition
and the craziness of your carnivals.

Fitted to truth the same as to norm
you proclaimed the Laws of Reform
from the virile courage of your shore.

Your girls of Sevillan [12]grace
call out the splendor of the morning
and are the marvel of your balconies.

To Guadalajara

At the foot of your erect towers, your women
are gifts of beauty and bearing,
exquisite sculptures,
and your men the hallmark of insurrection.

What more grace can be asked of the noble ancestry
that adorns the air of your plaza,

---

12   The traditional women's dress of Veracruz is related to that of Valencia, Spain (not Sevilla).

en donde el alma entera se solaza
con el donaire de tus canciones?

Si en tus oscuros ojos mi mirara,
sentiría la calca de mi infancia
caldeada por el sol de la pradera,

y bebería ¡oh! Guadalajara,
en tu barro de abscóndita fragancia
todo el deleite de la primavera.

A Puebla

¡Oh! Puebla de barroca arquitectura
a quien Mayo engalana de banderas,
tienes un don feliz de primaveras
que en mi memoria para siempre dura.

Los sones de campanas por la altura
van volando a morir entre las eras,
donde se alzan las cúpulas señeras
que aposentan la luz de tu hermosura.

Pasa el tiempo, con él también la vida,
el alma queda en soledad transida
y es tan sólo rescoldo el sentimiento;

por eso al recordar mi juventud y amores,
a tus plantas, igual que un haz de flores,
pongo la estrofa de mi rendimiento.

where the entire soul takes solace in
the elegance of your songs?

If I were to look at myself in your dark eyes,
I would see the image of my infancy
warmed by the meadow's sun,

and I would drink, oh! Guadalajara,
from your wet earth of mysterious fragrance
all the delight of spring.

To Puebla

Oh! Puebla of baroque architecture
whom May adorns with banners,
you have a happy gift of springtimes
that will always stay in my memory.

The sound of bells on high
flies off to fade among the fields,
where the solitary cupolas rise
that lodge the light of your beauty.

Time passes, and with it life,
the soul remains beset with loneliness
and the sentiment is only dying embers;

so as I recall my youth and loves,
at your feet, like a bouquet of flowers,
I place this offering of my verse.

El Poeta y el río

> ... y una eterna nostalgia de esmeralda.
> Manuel José Othón

Evocando del tiempo

Evocando del tiempo en la distancia
el río de mi edad amanecida,
aspiro el alto don de su fragancia
y proclamo mi pasmo ante la vida.

Como en un espejismo de mi infancia,
miro el confín. El alma, desasida
del mundo y de su ansia,
tiene un leve temblor de despedida.

Volveré a tus riberas, claro río,
a retemplar mi espíritu en tu brío,
antes de andar la última jornada.

Al ocaso arderán las viejas fraguas
del sol, mientras tus aguas
corren hacia la mar y hacia la nada.

Cuando en pensarme...

Cuando en pensarme y en pensarte quiero,
apoyada en la mano la mejilla,
miro el agua correr desde la orilla
igual que en tiempos de mi amor primero.

The poet and the river

> ... and an eternal nostalgia of emerald.
> Manuel José Othón

Remembering from long ago ...

Remembering from long ago
the river of my dawning age,
I breathe in the great gift of its fragrance
and I proclaim my awe of life.

As in a mirage from my childhood,
I look to the horizon. My soul, freed of
the world and its longing,
has the slight tremble of a farewell.

I will return to your shores, clear river,
to retune my spirit in your energy,
before walking my final day.

At sunset the sun's old forges will burn,
while your waters
run towards the sea and towards nothingness.

When I want to think ...

When I want to think about you and me,
resting my cheek in my hand,
from the shore I watch the water flow
just as in the time of my first love.

Tú fuiste el paraíso tempranero
en que colmé las ansias de mi arcilla,
y en mi pecho encendiste la amarilla
brasa del trópico altanero.

Ya cristalino o empañado espejo,
a medida que avanza tu corriente,
hundidos sueños por el cause viejo

suman las sombras de aquel tiempo ausente,
y me parece ver en tu reflejo
los años que pasaron por mi frente.

CONTIGO VAN...

Contigo van mi alma y mi albedrío,
mi afán, mi vida y mis desvelos,
mientras que los marmóreos cielos
duermen al fondo de tu cauce frío.

Por el mar las banderas del hastío
se agitan ya entre revueltos vuelos
encrespados, y vagan mis anhelos
en la marina azul del tremolío.

Olvidando el fluir de tus cristales
alcanzas los tumultos litorales
en un pacto sellado con la suerte;

que retratadas queden en tu historia
transparente—mi vida y mi memoria—,
redimidas del sueño de la muerte.

You were the early morning paradise
onto which I heaped the anxieties of my marrow,
and in my heart you lit the golden
ember of the proud tropics.

Whether clear or misty mirror,
as your current advances,
dreams sunken in the old riverbed

unite the ghosts of that absent time,
and I seem to see in your reflection
the years that flashed before my eyes.

With you go …

With you go my soul and my will,
my zeal, my life and my cares,
while the marmoreal skies
sleep at the bottom of your cold riverbed.

On the sea the flags of weariness
now flutter among rough and stormy
flights, and my yearnings wander
in the deep-sea blue of gusty winds.

Forgetting the flow of your crystalline waters
you reach the tumultuous shores
in a secret pact with fate;

that portrayed in your transparent history
may they remain–my life and my memory–,
ransomed from the dream of death.

Oigo el pulso latir...

Oigo el pulso latir de tus riberas
que la vida y la muerte me enseñaron;
forastero, crecí junto a tus eras,
y tus aguas al mundo me llevaron.

De tus frescas muchachas tempraneras,
la belleza y la gracia me elevaron,
aliadas de tus fuerzas y banderas.
¡Que el texto de tus aguas sea alabado!

¿Qué es lo que me aguarda cuando muera?
¿Mi carne es sólo un fruto magullado
que se pudre al sol de las praderas?

Cuando acabe el favor de la mentira,
despliega el rumor de tus palmeras
y mira con amor a quien te mira.

I HEAR THE BEATING PULSE ...

I hear the beating pulse of your shores
that taught me about life and death;
an outsider, I grew up close to your gardens,
and your waters carried me to the world.

From your fresh early-morning schoolgirls,
beauty and grace transported me,
allied with your forces and flags.
May the text of your waters be praised!

What is waiting for me when I die?
Is my flesh nothing but a bruised fruit
that rots in the meadow's sun?

When the favor of the lie is over,
unfold the rustle of your palm trees
and look lovingly upon he who now looks at you.

DE LA AUSENCIA DEVUELTO...

De la ausencia devuelto a estas orillas,
dragón verde que guardas mi tesoro
(el ídolo, el mago y lo que lloro),
¡que tu claro satín corten mis quillas!

El poema labrado y sin astillas,
la caoba y el cedro que deploro,
lucen en ti el cielo con que brillas,
las arenas, las estrellas de oro.

Tras los trances del mar y sus murales
avanzas de las áreas sepulcrales,
y despacioso pasas por mi puerta

cantando tus baladas de marino,
mientras que yo contemplo mi destino
y los despojos de mi vida muerta.

COMO LEOPARDI MIRO...

Como Leopardi miro el infinito
de la antigua colina de mi infancia;
el lejano cristal en la distancia
corriendo va a la mar de ronco grito.

El reflejo del tiempo indiferente
—esencia de las cosas que pasaron—,
se parece a las tramas que llevaron

From absence returned …

From absence returned to these shores,
green dragon who guards my treasure
(the idol, the sage and my sorrow),
may my keels ply your clear satin!

The poem carved and without splinters,
the mahogany and cedar that I lament,
reveal in you the shining sky,
the sands, the stars of gold.

Beyond the sea's trances and its murals
you advance from the sepulchral space,
and slowly pass by my door

singing your sailor ballads,
while I contemplate my destiny
and the debris of my life gone by.

Like Leopardi I contemplate …

Like Leopardi I contemplate the infinite
from the old hill of my childhood;
the far-off crystal river in the distance
running towards the sea with a hoarse roar.

The reflection of indifferent time
—essence of things past—,
looks like the schemes that carried away

mi fortuna y mi ansia a tu corriente.

Vosotras aguas hondas y sumisas,
apariencia de cosas verdaderas,
tan sólo sois las sombras tornadizas

de la vida, los juegos temporales,
la malla, el pensamiento, las quimeras
del hombre y sus duelos ancestrales.

Esperaré paciente...

Esperaré paciente en la ribera
que a mí llegue el tiempo prometido:
siento ya que se acerca a mi latido
la amarga broca de la edad postrera.

Contemplando en tus aguas de esmeralda
mi nostalgia y tu eterna primavera,
una vez más la parda sementera
dará su fruto escarlata y gualda.

¿Por qué en su afán la carne florecida
junta al goce la pena de la vida?
Como el pájaro oculto entre las brumas

que lanza al aire su dolido grito,
envío mi mensaje al infinito,
sobre el sueño del mar y las espumas.

my fortune and my worries in your current.

You deep and calm waters,
appearance of true things,
you are only the fickle ghosts

of life, the temporal games,
the mesh, the thought, the chimeras
of man and his ancestral trials.

I WILL WAIT PATIENTLY …

I will wait patiently on the riverbank
for the promised time to come to me:
I can feel now approaching my heartbeat
the bitter reel of the final years.

Contemplating in your emerald waters
my nostalgia and your eternal spring,
once again the Grim Reaper
will produce her scarlet and golden fruit.

Why in its fervor does blossomed flesh
join pleasure to life's pain?
Like the bird hidden in the fog

who hurls its sorrowful cry into the air,
I send my message to the infinite,
over the dream of sea and surf.

Preludio en la montaña...

Preludio en la montaña del encino,
¿qué misterio te lleva, linfa pura,
para bajar curiosa a la llanura
y volcarte en el mar de tu destino?

Las antorchas alumbran el camino
que va al puerto; velera arboladura
finge a la noche leve veladura
y fuegos de San Telmo en lo marino.

A través de las sombras de abalorio,
la luna de ámbar como un ostensorio,
silenciosa resbala en la arboleda.

Yo conduzco a mi pueblo, peregrino,
entre votivas piedras y adivino
cerca el mar de la sal y la alborada.

Prelude on the mountain ...

Prelude on the holm-oak mountain,
what mystery carries you, pure lymph,
to flow down curious to the plains
and tumble into the sea of your destiny?

Torches light the way
to the port; sailboat masts
feign light fog at nighttime
and St. Elmo's fire on the seas.

Through the glass-bead shadows,
the amber moon like the Host's chalice,
silently slides through the trees.

I drive to my hometown, a pilgrim,
between votive stones[13] and I sense
that the sea of salt and sunrise is near.

---

13   The poem alludes to the Fiesta del Niño Perdido (celebration of the Lost Christ Child) in Tuxpan

¡OH TIEMPO! ¡OH RÍO...

¡Oh tiempo! ¡Oh río de la existencia!
Voy en la entraña de tu ser fluido,
marcho por el caudal de tu experiencia
que atrás dejó mi último latido.

Heráclito, conozco tu sentencia:
nadie, nadie remonta lo vivido,
ni dos veces bañó su diferencia
en las aguas del tiempo que es olvido.

Río de cristal, sí, adiós te digo,
con las mismas palabras de un amigo
que como yo vagó por los océanos,

mientras miro en tus fondos y ramajes
los sangrientos derrumbes tramontanos
que son de nuestra vida los mirajes.

Oh time! Oh river! ...

Oh time! Oh river of my existence!
I enter the heart of your fluid being,
I march through the mighty current of your experience
that my last heartbeat left behind.

Heraclitus, I know your sentence:
no one, no one can relive what has been lived,
nor twice bathed his difference
in the waters of time that are oblivion.

Crystal river, yes, I say goodbye to you,
with the same words of a friend
who like I roamed the oceans,

while I watch in your depths and branches
the bloody far-off landslides
that are the mirages of our life.

El oro de los días

El tiempo y las rosas

Pocas veces mi vida tanto se ha conturbado,
como cuando en tu reino un día te encontré;
tenías un aire vago, lejano y ensoñado
que me hizo pensar en la verdad que fue.

Dije, ¿quién, quién será esa criatura alada,
tan leve, que levanta las fuerzas de mi ser?
Y me incliné, rendido, a tu ideal mirada:
sentí la primavera de un nuevo renacer.

¿Qué es la vida, el misterio, la delicia, el anhelo?
¿Los dones de una virgen que desgarra su velo?
¿El canto y el amor en nuestro corazón?

Diríase que el tiempo se ha llevado tus rosas,
yo estoy carcomido de miserias y brozas,
pero me dura aún aquella encantación.

The days' gold

Time and roses

Few times has my life been so overturned,
as when in your kingdom one day I found you;
you had a vague air, distant and dreamy
that made me think of the truth gone by.

I said who? who could this winged creature be,
so light, who uplifts the forces of my being?
And I bowed down, surrendered, to your ideal gaze:
I felt the springtime of a new beginning.

What is life, mystery, delight, longing?
The gifts of a virgin who withdraws her veil?
The song and the love in our heart?

One might say that time has taken away your roses,
I myself am wasting away from pittances and rubbish,
but your magic spell still endures for me.

BRUSELAS

Bruselas es mi novia, mi búcaro, mi amada,
no he podido olvidarla desde que la encontré;
transito aún por sus calles y su plaza dorada
que me hablan de otros tiempos, mas no sé bien de qué.

Tiene como una suave sonrisa anublada,
sus jardines prendidos de mi alma están,
siento yo la nostalgia de su vida velada,
los castaños de oro, las cosas que se van.

Ciudad de encajes leves y de piedras labradas,
de tintes mortecinos y buñuelos de miel;
me deleito en tus nobles pinturas apagadas,
en tus ostras plateadas y tu sabio Mosel.

Amigos, camaradas del arte y del estilo,
gozad como testigos de tan raro esplendor.
Cuando cierro los ojos creo enhebrar el hilo
de la amistad distante, la poesía y el amor.

Con Brueghel y con Ensor me pierdo en los cortejos.
Valedme Vandercammen, Ayguesparse y Flouquet,
Marlow, Goffin, Verhesen, Norge, Thiry, Plisnier
y los otros de Francia que nos miran de lejos
¿o acaso se durmieron en los viejos espejos
y sus cegados ojos ya no nos pueden ver?

¿Qué es lo que ha pasado? ¿Qué fue de nuestro ayer?

Brussels

Brussels is my bride, my vessel, my love,
I have not been able to forget her since I met her;
I still travel her streets and her golden plaza
that speak to me from other times, though I don't really know of what.

She has a sort of soft cloudy smile,
her gardens are pinned to my soul,
I feel the nostalgia of her veiled life,
the golden chestnuts, things that slip away.

City of delicate lace and carved stone,
of faded veneers and honeyed pastries;
I delight in your noble muted paintings,
your silvery oysters and your wise Moselle.

Friends, colleagues in art and in style,
enjoy as witnesses of such rare splendor.
When I close my eyes I imagine threading together
distant friendships, poetry and love.

With Breughel and Ensor I get lost in the courting.
Come to me Vandercammen, Ayguesparse and Flouquet,
Marlow, Goffin, Verhesen, Norge, Thiry, Plisnier
and the others from France who watch us from afar
or maybe they fell asleep in their old mirrors
and their blind eyes can no longer see us?

What is it that has happened? What became of our yesterday?

Yo amo vuestro trato y vuestro parecer,
Los Cantares de Elskamp, de Verhaeren, *Las Horas*,
su jardín y su tumba, del Escalda, las proras
y la *Eva* divina de Carlos Van Lerberghe,
pero amo sobre todo, más que todas las cosas,
el primor de las rosas
que me dio una mujer.

I love your manners and your appearance,
The Canticles of Elskamp, of Verhaeren, *The Hours*,
his garden and his tomb, of the Escalda river, the prow[14]
and the divine *Eva* of Carlos Van Lerberghe,
but I love, above all, more than anything,
the loveliness of the roses
that a woman gave to me.

---

14   Verhaeren's tomb is shaped like a ship, its prow on the riverbank.

El poeta y el ciego

Una tarde que en Londres paseaba ociosamente
adosado a una esquina hallé un ciego cantor;
parecía una escultura por su mirar ausente.
Mi socorro en sus manos le puse con fervor.

En sus brazos brezaba un acordeón doliente
de voces quejumbrosas y dolor de arrabal.
Cantó algo parecido a mi vagar trausente,
por el tiempo y los muros de una edad ideal.

¡Cuánto me gustaría que los viejos juglares
cantaran las estrofas de mi viviente afán,
por calles trajinantes de mancillados lares!

Y que siempre se canten en las tardes de duelo,
polvorosas de gente, como en Portobelo,
entre harapos y huesos que al camposanto van.

Recluso en libertad

Trabajo en una estancia que mira hacia el pasado:
en silencio medito y escribo mi pensar,
la tarde se despide en un trance morado.
Una sílaba a veces me aparta de un pesar.

No tengo yo taller, pues mi quehacer es leve:
en ronda las palabras me vienen a buscar.
Ni ostento joya ilusa, ni tengo premio aleve.

The Poet and the Blind Man

One afternoon while leisurely strolling in London,
I came upon a blind singer leaning against a street corner;
with his blank stare he looked like a statue.
I warmly put a little help in his hands.

In his arms he moored a sad accordion
of plaintive tones and favela sorrow.
He sang something reminiscent of my transient wandering,
through time and the walls of an ideal age.

How I would love it if the old troubadours
sang the stanzas of my living avocation,
through bustling streets of sullied lairs!

And that they'd always be sung on days of mourning,
dusty with people, like on Portobello Street,
among rags and bones bound for the burial ground.

Recluse at Large

I work in a room with a view of the past:
in silence I meditate and write my thoughts,
the afternoon fades in a purple trance.
A syllable sometimes lifts a weight from me.

I don't have a workshop, for my task is light:
words make rounds looking for me.
I flaunt no illusive jewel, I have no perfidious prize.

Yo me gano la gloria con mi propio cantar.

En cerrada clausura estoy libre del mundo,
¡oh la, la, qué de veces me he escapado errabundo,
que ni el mismo sofista me pudiera alcanzar!

Las hojas de mi canto se juntan una a una,
y en la noche, bruñidas, me las deja la luna
que acaricia sonando la guitarra del mar.

Otoño

I

El otoño ha acampado su cortejo dorado
y difunde vibrantes leyendas de metales,
mientras yo sueño que unos ojos suavemente imantados
de soledad, alivian mis vigilias mortales.

Pasa el viento accionando su discurso amarillo.
El agua confidente aclara sus escalas
y el sol, que luce apenas con apagado brillo,
ensaya sus esgrimas en las dormidas salas.

Otoño, encantamiento de la leve pintura,
me miro en ti y recorro tu triste agrimensura
buscando en el retiro de la tarde velada,

del vino de tus viñas la ardiente certidumbre,

My path to heaven is by my own song.

In closed quarters I am free from the world,
ooh-la-la! how at times I have wandered off so far,
not even the sophist himself could find me!

The pages of my song gather one by one,
and at night, burnished, the moon returns them to me,
singing and strumming the guitar of the sea.

Autumn

I

Autumn has encamped its golden cortège
and spreads vibrant legends of metals,
while I dream that some eyes softly magnetized
by solitude, relieve my mortal vigils.

The wind goes by actuating its yellow discourse.
The faithful water clears its scales
and the sun, which barely shines with faded light,
tries out its fencing skills in the sleeping rooms.

Autumn, enchantment of delicate painting,
I see myself in you and I traverse your surveyed land
searching in the veiled afternoon retreat,

for the blazing certainty of the wine of your vines,

pero hallo sólo el imperio de la herrumbre,
y en lugar del prodigio la carne desahuciada.

II

Yo tuve del amor la seducción triunfante
y de los días vacantes espléndidos destellos,
el dulce rendimiento de su gracia fragante
y la sonata ardiente del viento en sus cabellos.

Yo penetré al jardín de un verdor susurrante
una noche radiante de silencio y de estrellas,
y gusté del festín las primicias más bellas,
pero el encanto dura lo que dura un instante.

¿Qué se hicieron sus risas y el reino milenario
que yo puse a sus plantas? ¿Qué se hizo el salario
de sus besos? ¿Qué las áureas bonanzas

del otoño y el arte? Todo desvanecido.
La sombra ha descendido a mis tristes labranzas.
Y ahora sólo tengo las nieves y el olvido.

III

Cuando miro a través de los viejos jardines
de las vagas marinas el azul deslumbrante,
se enciende su recuerdo de gracia palpitante
al fondo de una fiesta de mágicos confines.

Yo respiré la Arabia de los tibios jazmines
que brota suavemente de su cuerpo fragante

but I find only the empire of rust,
and instead of prodigy hopeless flesh.

II

I know the triumphant seduction of love
and the splendid sparkles of free days,
the sweet yield of her fragrant grace
and the passionate sonata of the wind in her hair.

I entered the garden of whispering verdure
one radiant night of silence and stars,
and I tasted the feast of the most beautiful first fruits,
but the magic lasts only as long as an instant.

What happened to her laughter and the millennial kingdom
that I lay at her feet? What became of the salary
of her kisses? The golden bonanzas

of autumn and art? Everything vanished.
Darkness has descended upon my sad fields.
And now I have only the snows and oblivion.

III

When I look across the gardens
of the restless seas at the dazzling blue,
it ignites the memory of her trembling grace
inside a festival of magical borders.

I breathed the Arabia of the warm jasmine
that floated softly from her fragrant body

tejido con el gozo de la hora radiante
y las rosas carnales a las diosas afines.

El viento terminó con visiones y halagos,
acumuló el otoño sus bárbaros estragos,
fue su paso un momento de breve claridad.

¡Oh gloria! ¡Oh anhelo! ¡Oh dulzura sumisa!
¡Qué tristeza pensar en su sonrisa
prendida al artilugio de la eternidad!

interwoven with the pleasure of the radiant hour
and roses as sensual as goddesses.

The wind carried away visions and flattery,
autumn gathered up its barbarous ravages,
its passage was a moment of brief clarity.

Oh glory! Oh desire! Oh sweet submission!
How sad to think of her smile
captured by the stunt of eternity!

Post Scriptum

(Sobre un tema de Camões)

Mi vida por el mundo quedó hecha pedazos,
pero mi corazón no deja de palpitar.
Cuando llegue el final de mis hondos ocasos
¿durarán aun siquiera el rumor de mis pasos,
los barruntos del mar?

¡Que un llanto contenido me premie cuando muera!
¡Que atruene el océano su estrofa de cristal!
¡Que en tus ojos esplenda la antigua primavera
y dé mi polvo para ti un rosal!

Teoría

Sobre una sola tecla
el agua insistía
sin argumentos.

Post Script

(On a theme by Camões)

My life around the world wore out,
but my heart has not stopped beating.
When I come to the twilight of my life
will there still be the echo of my footsteps,
signals from the sea?

May soft tears reward me when I die!
May the ocean thunder its watery verse!
May the old springtime shine in your eyes
and from my ashes grow for you a rose garden!

Theory

On one single note
the water insisted
without argument.

Aire de ausencia

El pueblo lejano

Yo nací en un pueblo que era sólo una villa,
una iglesia en su atrio rebañaba el lugar,
traspasaban el aire perfumes de vainilla:
mi madre allí tenía sus galas y su hogar.

Su nana le decía cosas de maravilla:
—Vela, se me figura que te vas a *enmaplar*,
y ella sonreía, radiante la mejilla,
al galán forastero que la iba a buscar.

Muchas veces pensando en el tiempo y la vida,
el destino y la muerte, mi alma oscurecida,
recibe las caricias del amor familiar,

y sueño con el pueblo en sus horas mejores,
en las bellas criaturas y sus tiernos amores
oyendo en mis umbrales los latidos del mar.

Tajín

Bajo abrasantes soles tropicales
por el camino voy de la vainilla;
absorto, con ojos sensuales,
descubro del Tajín la maravilla.

Vallada de verdura reluciente
descorre su votiva gradería,

Air of Absence

The Distant Town

I was born in a town that was just a small village,
one church fit the whole congregation in its foyer,
the scent of vanilla filled the air:
there my mother had her galas and her home.

Her Nana used to tell her tales of marvel:
"Vela, it looks to me like you're going to *maple*,"
and she smiled, cheeks blushing,
at the handsome young outsider who came calling on her.

Many times thinking about time and life,
destiny and death, my darkened soul
is caressed by familial love,

and I dream about the town in its best times,
its beautiful creatures and their tender loves
listening in my doorways to the pulsing sea.

Tajín

Under blazing tropical suns
I trek the vanilla trail;
engrossed, with sharpened eyes,
I discover the wonder of el Tajín.

Surrounded by gleaming greenery
its votive stairways open up

y a los biseles de la luz poniente
vuela la metafísica del día.

El genio de su eterna fantasía
—Rayo o Trueno de mitos coruscantes—
ha vuelto a florecer a los viandantes.

Ausentes están dioses y pinturas,
pero desde el azul de sus alturas
siento el duro latir de sus danzantes.

and to the bevels of the setting sun
the metaphysics of the day fly.

The spirit of its eternal imagination
–Lightning or Thunder from dazzling myths–
has bloomed with visitors again.

Absent are the gods and paintings,
but from the blue of its heights
I feel the strong pulse of its dancers still.

SERENATA PUERIL

La vida es un teatro
hecho por tres o cuatro,
afirma Calderón.
Van llegando al tablado
gente de mi pasado,
sombras de mi telón:
Cristina y Severiano
cogidos de la mano,
Mariana, la mucama,
Zaleta, el embrujado
y brujo del pistón
que perdió la chaveta
por la que no lo ama,
pues ama a otro varón.
Yo sueño con lo arcano
y el diablo entra en lo vano
haciendo una pirueta
por el escotillón.

Las brujas bailan al son
de una música terqueante
para volver al amante
de nuevo a su posesión.
El aquelarre hace ronda
delante del guajolote,
palabras del epazote
se oyen en la trapisonda.
—Por aquí has de llegar;

CHILDHOOD SERENADE

Life is a theater
acted by three or four,
affirms Calderón.
People from my past
start coming onto the stage,
ghosts from behind my curtain:
Cristina and Severiano
holding hands,
Mariana, the maid,
Zaleta, the bewitched
steam-cart wizard [15]
who is crazy about a girl
that doesn't love him,
because she loves another man.
I dream about mysteries
and the devil enters vainly
through the trapdoor
doing a pirouette.

The witches dance to the beat
of an insistent music
to return the lost
lover.
The coven goes round and round
facing the turkey,
words of their brew
are heard in the commotion.

---

15   He had a steam cart to sell hot sweet potatoes, tamales, sweet pumpkin, plantains, etc.; when you open the steam valve, it makes a beautiful whistling sound.

en la noche del Erebo
frente a la vela de cebo
a fuerza tienes que entrar.
Está en su punto el conjuro
cuando el guanajo hace ¡tong!
Surtió ya efecto lo oscuro
por arte de Malintón.
Con el alma fatigada
pasaba horas de extrañez
viendo entre la palizada
las sagas de mi niñez.

Es noche de retreta
la pena de Zaleta
suspira en la veleta
que escala su pistón.
Su larga queja ensaya
al pie de la Atalaya,
y al diablo le da raya
el encantado son.

Con lírica acrobacia,
trasunto de la gracia,
sus altas notas hacia
la noche alzan su son.
Planea por los tejados,
se planta en los estrados,
y en bailes y tinglados
arguye su pasión.

Todo es suave y vago,
la noche mero halago,

"It is here you need to be;
on Erebus night
you must enter
facing the tallow candle.
The spell is ready
when the turkey goes 'tong!'"
The dark side took effect
by Malinton's magic.
With breathless soul
I spent hours of wonder
watching through the fence
the witches of my childhood.

It is a night of music,
Zaleta's pain
sighs in the float
that rises in his steam valve.
His long lament he rehearses
at the foot of Atalaya Hill, [16]
and the enchanted sound
keeps the devil at bay.

With lyrical acrobatics,
exuding grace,
his high notes raise their song
into the night.
It glides along rooftops,
stands up in bandstands,
and at dance halls and on platforms
it argues his passion.

Everything is soft and vague,
the night pure adulation,

---

[16] Lookout Tower Hill, Tuxpan.

*la mar pleno cantar.
El mágico insondable
que cuelga sus tesoros
tachado de meteoros
me clava el formidable
mirar del ultramar.*

*Entonces me decía:
¿Cuál es la profecía?
¿La vida es un afán?
Hay gentes laceradas,
mujeres encintadas
y buques que se van.*

*Muchachas de ojos zarcos
que esperan blancos barcos
riberas de la mar,
con senos y caderas
de tensas primaveras,
como barcas veleras
ansían también bogar.*

*Yo andaba por los cielos
buscando en mis desvelos
la curva kepleriana,
cuando el sutil intruso
ligero me propuso
los senos de Mariana.*

*Con golpe acelerado:
—Estate bien portado,
te vas a condenar.*

the sea full of song.
The unfathomable magician
who hangs his treasures
like meteors
stares at me with his formidable look
from beyond the sea.

Then he said to me:
What is the prophecy?
Life is hard work?
There are wounded people,
pregnant women
and ships that depart.

Girls with light blue eyes
who wait for white ships
on seashores,
with breasts and hips
of taut springtimes,
like sailboats
also long to set sail.

I had my head in the clouds
searching in my sleepless nights
for the Keplerian curve,
when the subtle intruder
lightly suggested to me
Mariana's breasts.

With a sudden blow:
"Behave,
you're going to get yourself in trouble."
"Your days are numbered,"

*—Están tus días contados
gritóme, el emboscado,
con hondo resonar.
Mas hícele yo frente,
y le solté estridente:
—Me haces los mandados.
—De mí te has de acordar.*

*Algunas sombras raras
detrás de las mamparas
están a lo que están.
La trova con su lazo
las ata en breve plazo.
¿Caerán o no caerán?
¡Si mudan las estrellas,
cuánto más las doncellas!*

*El tiempo chinchurreta
y el vicio con careta
del brazo juntos van.
Que suba el proxeneta,
más alto que un cometa,
y enrédese en su treta
el diablo-sacristán.*

*Hembras de vida airada
ostentan de pasada
sus garbos y rabeles
con ilusorio afán.
—Que dos tan zalameras,
requiebro a las troneras.
Y ellas: -Pero mieles*

*the devil shouted to me
in a resounding yell.
But I turned to face him
and I let out a screech:
"You do what I tell you to do."
"Remember who you're talking to."*

*Some strange shadows
behind the screen
are up to what they're up to.
The song with its lasso
ties them up quickly.
Will they fall or not fall?
If the stars move,
how much more the young ladies!*

*Deceitful time
and mask-wearing vice
go arm in arm.
May the pimp rise,
higher than a kite,
and tangle in his trap
the devil-sacristan.*

*Ladies of the night
flaunt in passing
their grace and rebec shapes
with illusory zeal.
"For two so flattering,
I'd break down these windows."
And they: "But you don't give*

al asno no se dan.

Olvídense mis señas
y grítenle a las peñas
los que vendrán atrás.
El eco es el segundo
y no don Segismundo,

que desde el otro mundo
responda al trasbarrás.

Natura es un enigma
que pone como estigma
su sexo al tulipán,
desde su verde entraña
la vida es miel de caña,
azúcar de arrayán.

Modele Dios su barro
de donde yo me agarro
igual que hierro a imán.
Que no me queme el fuego
de su divino Ego,
y séame leve el juego
de vienen y se van.

—La rueda de la vida
está ya prevenida,
tu suerte está perdida,
no puedes escapar,
pues un golpe oceánico
que alcance hasta lo pánico

honey to a donkey."¹⁷

*Forget about me
and shout to the four winds
those who will come later.
The eco is the second
and not don Segismundo.
who from the other world
should respond to the din.*

*Nature is an enigma
that gives the tulip its sex
like a stigma,
in its green core
life is like molasses,
sweet myrtle sugar.*

*May God model his clay
from what I cling to
like iron to magnet.
Let me not be burned by
his divine Ego,
and may the game of coming and going
go easy on me.*

*"The wheel of life
is already prepared,
your luck is lost,
you can't escape,
for an oceanic strike
that reaches ghastly heights*

---

17 Don't cast pearls before swine.

te habrá de sepultar.
—Que calle el agorero,
ya sé que somos cero
y todo ha de acabar.

La muerte rasca y rasca
en forma que da basca
su ríspido violín.
Tras ojos van las manos
de cuerdos y de insanos:
deshacen los gusanos
la carne hasta su fin.

Suenan ranas y grillos
sus agrios caramillos,
y el diablo se divierte
con el de los platillos.
La dulce queja vierte
su vano lamentar.
Mariana en su ventana
siente las languideces
de una dicha lejana
que nunca ha de llegar.

Me arrullan las mareas
de las aguas leteas.
Sombras consoladoras
que me cerráis la mano,
llevadme a las auroras.
El alma mira a veces
el fondo del arcano.

¡Oh estelar portento!

will bury you."
"Silence the soothsayer,
I already know that we are zero
and everything must come to an end."

Death scritches and scratches
in a nauseating way
its raspy violin.
The hands of the sane and insane
go after eyes:
worms undo
flesh until it's gone.

Frogs and crickets sing
their bitter gossip,
and the devil entertains himself
with the guy who prepares the food.
The sweet complaint pours out
its vain lament.
Mariana at her window
feels the languor
of a distant fortune
that will never arrive.

The tides of the Lethean waters
are my lullaby.
You consoling shadows
who clench my hand,
lead me to the sunrise.
Sometimes the soul looks
into the depths of the unknown.

Oh stellar portent!

¡Amable serenata!
El río va con lento
señorío de plata.
Un niño escucha atento
la endecha estremecida
que discurre en el viento
y le embruja la vida.

En la noche de seda
la rutilante luna,
desde sus miradores,
en el azul vigila
la casa de la cuna
ya sin sus moradores.
Adiós, gentil Zaleta,
en mi corazón queda
tu mágica escoleta
    y la
queja de tus amores.
¿Quién, con la melodía
de tu música, un día,
hubiera imaginado
que me consolaría
del hoy y del pasado?

En mis oídos
jamás se apagarán
de tus sonidos
los dolientes ayes,
que como errantes layes
sobre los mares van.

Kind serenade!
The river passes with slow
silvery nobility.
A child listens closely
to the trembling lament
that blows in the wind
and bewitches his life.

In the silken night
the shining moon,
from its balcony
in the blue watches over
the house of the cradle
now empty of residents.
Goodbye, kind Zaleta,
your magical nursery
and the
lament of your loves
remain in my heart.
Who, with the melody
of your music, one day,
could have imagined
that it would console me
about today and about the past?

My ears
will never stop hearing
the sound of your
painful laments,
that like errant heroic ballads
float over the seas.

* * *

Despejó la noche el ceño,
se desnubló mi pesar,
como en el viejo cantar,
todo fue tan sólo un sueño
a las orillas del mar.

Cuando levanté la vista entre el cerro y la solana caía la claridad del cielo: las sombras de los árboles comenzaban a concretarse y despertaban las primeras disonancias matinales.
El mar –plata y azul, vaivén y espuma– tiene una suave palpitación. No me canso de contemplar el horizonte y la curva del cielo. Siento una vaga nostalgia, sensación fabulosa de tiempo y de distancia. La inmensidad se esfuerza por alcanzar las huellas de mis pasos en la arena. Embelesado recorro sus movimientos, la semántica de las mareas rezumantes de espuma que adicionan guarismos aumentando las primas náuticas y las corrientes reformatorias. ¡Oh almirante de los milenarios, adelantado azul de las tierras contingentes! ¡Hurra por el montaje de horizontes, la sucesión suntuaria y el superávit de pájaros! Sobrellevas en tus cambios la medida de la contradicción humana. Los impulsos y sofrenos de tu mecanismo son la imagen de la eternidad. Mírate en el alinde de la estupefacción franqueada por noviembres de púrpura y refrenda nuestro pacto metamórfico endosando las eflorescencias de tu reino contra las últimas libranzas del sueño. ¡Que tus resonancias de canto tibetano vengan rodando en el tumulto del silencio la voz blanca de Dios –alfa y omega, todo y nada– mientras deploro el tiempo maravilloso de mi infancia frente a la honda inquietud de la transitoriedad de la vida!

* * *

*The night cleared my brow,
my sorrow unclouded,
as in the old song,
it was all just a dream
by the shore of the sea.*

When I looked up between the hill and the veranda, the sky was clearing; the shadows of the trees were becoming sharper and the first sounds of morning were waking.
The sea—silver and blue, sway and foam—has a gentle beat. I do not tire of contemplating the horizon and the curve of the sky. I feel a vague nostalgia, fabulous sensation of time and distance. The immensity tries to reach my footprints in the sand. Enraptured I retrace its movements, the semantics of the tides oozing with seafoam that add up numbers raising the nautical primes and the corrective currents. Oh admiral of the millennia, blue governor of the contingent lands! Hurray for the montage of horizons, the sumptuary succession and the surplus of birds! You carry in your gears the measure of human contradiction. The impulses and reins of your machinery are the image of eternity. Look at yourself on the border of astonishment stamped by purple Novembers and countersign our metamorphic pact endorsing the efflorescence of your reign against the latest money order of dream. May your echoes of Tibetan chant come in, rolling in the tumult of silence the pure white voice of God—alpha and omega, everything and nothing—while I mourn the marvelous time of my childhood in the face of the deep anxiety of the transitoriness of life!

Desvanecimiento

Por la tarde encantada
que recorren patrullas invernales,
yo busco en la dulzura de una imagen borrada
la dicha que rompieron los abrazos fatales.

Viene un rumor tremante
de cristales
de los barrios lejanos como una marejada,
hasta el silencio errante
de los hospitales.

En el jardín de alma deshojada
presiento su sonrisa a la melancolía ligada.
Mas su llegada espero
sin signo de apariencia,
pues su pisar ligero
no toca ya sendas terrenales:
desvestida de carne camina en la balada.

La plaza labrada

En una tarde clara y azul como mi amada
llegaban a la plaza bandadas de estudiantes,
se aplaudía, se reía con risas coruscantes
en la solemnidad de la piedra labrada.

Todo tenía un aire brillante de parada,
irradiaban de gozo los jóvenes semblantes,
apenas un presagio: los esbirros con guantes,
y la sangre corrió por la plaza labrada.

Vanishing

Through the enchanted afternoon
traversed by wintry patrols,
I search in the sweetness of a faded image
for a joy that was broken by fatal embraces.

A tremulous crystal murmur
comes from distant corners like a wave,
to the wandering silence
of the hospitals.

In the leafless-soul garden
I sense her smile is linked to melancholy.
But I await her arrival
without a sign of appearance,
for her light steps
no longer touch earthly paths:
disrobed of flesh she walks only in the poem.

The Stone-Carved Plaza

On an afternoon as clear and blue as my beloved
flocks of students arrived at the plaza,
applauding, laughing with shining laughter
in the solemnity of the carved stone.

Everything had the brilliant air of a parade,
the young faces radiated joy,
scarcely a premonition: the henchmen with gloves,
and blood ran through the stone-carved plaza.

Muchos, muchos subieron la escalera mellada
y sintieron las ráfagas. Los días espeluznantes
alcanzaron el grito de la carne sangrada:

esperan en la sombra de los tiempos distantes.
¡Adelante, adelante las banderas chasqueantes,
por los que no volvieron de la plaza labrada!

CANCIÓN ANTIGUA

Por el camino de Jalapa,
de Jalapa a Coatepec,
una tarde por el bosque,
a tres niñas me encontré.

Una se llamaba Carmen,
la otra, de gracia, Inés.
¡Ah qué diablo de muchacho!
De la última me olvidé.

Una vestía de rosado
y la otra de café.
¡Ah Manuel de mis pecados!
La tercera ¿iba de qué?

Por el camino de Jalapa,
de Jalapa a Coatepec,
una tarde de verano
a las tres me declaré.

La primera dijo ¿quién sabe?

Many, many ran up the notched stairway
and felt the machine-gun fire. The horrifying days
became the cry of bloody flesh:

they wait in the shadows of distant times.
Onward, onward rippling banners,
for those who never returned from the stone-carved plaza!

Old song

On the road from Jalapa,
from Jalapa to Coatepec,
one afternoon in the forest
three girls I met.

One was called Carmen,
the other, by good grace, Inés.
Oh devilish boy!
The last one I forget.

One was dressed in pink
and the other in brown.
Oh Manuel my boy!
The third wore, what?

On the road from Jalapa,
from Jalapa to Coatepec,
one summer afternoon,
to all three I declared my love.

The first said Who knows?

la segunda: lo pensaré,
la tercera, bajó los ojos,
y ya no supe después.

¡Había flores! ¡había pájaros!
¡y corrientes de cristal!
¡Había danzas acordadas!
¡y capullos que cortar!

Cuando pasaron los años
y a Jalapa regresé,
no había bosque, ni muchachas.
Muerto estaba mi querer.

the second: I'll think about it,
the third, lowered her eyes,
and I never found out what she said.

There were flowers! there were birds!
and babbling brooks!
Dances in unison!
and flowerbuds to pick!

As years passed
and I returned to Jalapa,
there was no more forest, no girls.
My love was gone.

Tres Canciones Existenciales

El viajero

En mi viaje por el mundo
perdí las ansias de ser.
Ya no soy el vagabundo
que todo lo quiso ver.

El tiempo como un fluido
se ha llevado mi querer;
presente apenas ya es ido,
¿qué queda de nuestro ayer?

Solo estoy con el gusano
que me comienza a roer;
él es hoy el soberano,
y algo va a acontecer.

Historia personal

De niño hacia las estrellas
por los tapancos miré,
y dije: iré hacia ellas,
por la escala subiré.

De joven por el camino
una muchacha me hallé,
y dije: es mi destino,
es ella a quien seguiré.

Three Existential Songs

The Traveler

In my travels around the world
I lost the thirst for being.
I am no longer that vagabond
who tried to see everything.

Time like a current
has carried away my desire;
just barely present is already gone,
what is left of our yesterday?

I am alone with the worm
who is starting to gnaw on me;
he is the sovereign now,
and something is about to happen.

Personal history

As a child through the awnings
I used to watch the stars,
and I said: I'll go up to them,
I'll climb the ladder.

As a youth along the way
I met a young lady,
and I said: she is my destiny,
it is she I will pursue.

De viejo cuando en la nada
de la noche me encontré,
volví a cambiar de tonada:
¡a la tierra bajaré!

Tiempo y eternidad

El tiempo que me acribilla
me da mucho en qué pensar:
es cosa que maravilla
que siendo sólo arenilla
se mezcle a la eternidad.

La vida es la tarabilla
que ahonda nuestra ansiedad:
yo no voy tras lo que brilla.
Yo busco la eternidad.

El mundo de la mirilla
se me ha vuelto obscuridad:
fuera danza la gavilla.
Yo marcho en la eternidad.

As an elder when in the void
of night I found myself,
again I changed my tune:
to the earth I will go down!

Time and eternity

The time that bombards me
gives me much on which to ponder:
it's an amazing thing
that being only dust
it mixes with eternity.

Life is the chatter
that deepens our anxiety:
I'm not chasing after glitter,
I'm searching for eternity.

The world in the peephole
has gone dark on me: [18]
outside the mob is dancing
while I march to eternity.

---

[18] The poet was nearly blind for some months and recovered his eyesight after surgery to remove cataracts.

Hamlet o El Oscuro

> Yo le doy mi moribunda voz.
> *Hamlet* (escena final)

PERSONAJES
HAMLET, Príncipe de Dinamarca. Barbón, pelirrojo.
EL POETA ADOLESCENTE.
LA MUERTE.
VOCES.

La escena es en un aserradero del río Tuxpan.

Poeta: ¿Por qué caminos oscuros
nos trajo la voluntad
para ponernos en frente
de nuestra adversidad?
¿Fue Dios el que de repente
de nada sacó el conjuro
y puso lo diferente
para integrar al futuro
la poesía y la verdad?
¿Cómo sería la alborada
de no haber la fantasía,
el jardín y la serpiente
de aquella edad sibilina,
el Quijote, Celestina,
el amor y la doncella,
rumor, onomatopeya,
barcos de vela en la ría?
¿Cómo sería lo primero?

HAMLET OR THE OBSCURE

> He has my dying voice.
> *Hamlet* (final scene)

CHARACTERS
HAMLET, Prince of Denmark, bearded, redhead
THE ADOLESCENT POET
DEATH
VOICES

The scene is in a sawmill on the Tuxpan River.

Poet: By what dark paths
        did our will bring us
        to put us face to face
        with our adversity?
        Was it God who suddenly
        pulled the spell out of nowhere
        and created difference
        to integrate
        poetry and truth
        into the future?
        What would the dawn be like
        without the existence of fantasy,
        the garden and the serpent
        from that sibylline age,
        the Quijote, Celestina,
        love and the maiden,
        murmur, onomatopoeia,
        sailboats on the river?

¿Sería Dios el botero
o el hombre el que pasaría
de la onda a lo certero?
Por las espumas del mar,
por el cielo de añil,
por las manos de marfil
de Ofelia en trance sutil,
por el arte de alta ley,
por las púas de nuestra grey,
por las hierbas de aburar,
no me hagas desesperar,
Oh Hamlet, de mi emoción,
abandona tu ataúd, venga a mí tu aparición,
sácame de esta inquietud,
y ayúdame a ventilar
el pasmo de la cuestión.

(Hamlet llega a bordo de un remolcador. Salta al muelle.)

Hamlet: Hola, chico, andas de pinta.
Poeta: Vine a encontrarte,
           pues supe de buena tinta
           que llegabas.
Hamlet: ¿De qué suerte?
Poeta: El tío de Dinamarca,
           tú sabes, gente de marca,
           me dio el nortazo. ¿Qué tal?
           Viento y lluvia de repuesto
           por tu tierra.
Hamlet: ¿Sabes esto?

What would the beginning be like?
Would God be the skipper
or would it be man who would go
from waviness to certainty?
For the sea foam's sake,
for the indigo sky,
for Ophelia's ivory hands
in subtle trance,
for the art of high law,
for the quills of our flock,
for the scorched earth,
don't make me despair,
Oh Hamlet of my emotions,
leave your coffin,
come appear to me,
take me from this anxiety,
and help me to clear up
the wonder of the question.

(Hamlet arrives riding on a tugboat. He jumps onto the dock.)

Hamlet: Hi, kid, you're playing hooky.
Poet: I came to find you,
because I found out on good authority
that you were coming.
Hamlet: How?
Poet: The guy from Denmark,
you know, first class,
gave me a heads up. How's it going?
It's really windy and rainy
in your neck of the woods.
Hamlet: How do you know that?

Poeta:	Lo aprendí en la Cantonal.
	¿Cómo están en Elsinor?
Hamlet:	Lo mismo que en Helsinborg.
	¿Y aquí?
Poeta:	Menos peor.
Hamlet:	Peor es superlativo.
Poeta:	Es mejor, tanto peor.
	Aquí nada es decisivo.
	Hay siempre dubitación.
Hamlet:	¿Tú sabes lo que pasó?
Poeta:	Guillermo me lo contó
	y tú lo aprobaste.
Hamlet:	¿Yo?
Poeta:	Tú aceptaste su versión
	pues te quedaste callado.
Hamlet:	¿Cómo podría rebelarme
	siendo él mi propio autor?
	Quizás podría quejarme,
	pero jamás apartarme
	de tan insigne creación.
Poeta:	Otros se han desenlazado.
Hamlet:	Mas no gracias a sí mismos,
	sino a los suprematismos.
	Al Quijote, contextura
	Unamuno le buscó,
	y abrillantó su armadura.
	Y en la vida de la farsa,
	de una breve comparsa
	Pirandello se hizo autor.
Poeta:	Yo podría darte una mano.
Hamlet:	Bueno, inténtalo pues.
	Pero ten mucho cuidado,

Poet:	I learned it in elementary school.
	How are things in Elsinore?
Hamlet:	The same as in Helsinborg.
	And here?
Poet:	Less worse.
Hamlet:	Worse is a superlative.
Poet:	It's better, so much the worse.
	Here nothing is decisive.
	It's always dubious.
Hamlet:	Do you know what happened?
Poet:	William told me
	and you approved of it.
Hamlet:	I?
Poet:	You accepted his version
	because you kept quiet.
Hamlet:	How could I rebel
	since he is my own author?
	Maybe I could complain,
	but I'd never leave
	such a famous creation.
Poet:	Others have broken free.
Hamlet:	No thanks to themselves,
	but to the suprematisms.
	Unamuno looked for
	physique for Quijote
	and polished up his armor.
	And in the life of farce,
	Pirandello became the author
	of a cameo appearance.
Poet:	I could give you a hand.
Hamlet:	OK, then try it.
	But be careful,

| | no te atengas al Letrado
| | Sajón sólo, ni a Belleforest.
| | Soy más bien shakespereano.
Poeta: Y además sobresutil,
| | de complejidad lleno,
| | espasmódico, vehemente,
| | lo que hace más ardiente
| | la trama del ocurrir.
| | Lo que siempre me ha gustado
| | es el pasaje agotado
| | sobre la eterna cuestión:
| | To be or not to be ...
Hamlet: Déjalo para después
| | porque está en el tercer acto.
Poeta: Pero estuvo de antemano
| | en el segundo.
Hamlet: Un tracto
| | lo arrancó de su lugar.
Poeta: Derecho vamos al punto:
| | ¿Seguirás tras el difunto?
Hamlet: Espectro querrás decir.
Poeta: Es lo mismo que morir.
| | Estuviste conturbado
| | cuando hablabas con el ente
| | y no querías avanzar
| | más allá del terrado.
Hamlet: Tú leíste mal mi drama.
| | Nada de eso es cierto.
| | Estás en gran desconcierto
| | con tus cuentos de pilmama.
Poeta: Siempre tú tan arrogante.
| | No dudo que seas valiente,

	don't stick just to the Learned
	Saxon, nor to Belleforest,
	I am more Shakespearian.
Poet:	Not to mention super subtle,
	full of complexity,
	spasmodic, vehement,
	which makes the plot
	more passionate.
	What I have always liked
	is the worn-out passage
	about the eternal question:
	To be or not to be ...
Hamlet:	Save that for later
	because it's in the third act.
Poet:	But it used to be
	in the second.
Hamlet:	A tractor
	yanked it out of its place.
Poet:	Let's get right to the point:
	will you follow the deceased?
Hamlet:	Ghost, you mean.
Poet:	It's the same as dying.
	You were uneasy
	when you spoke with the being
	and you didn't want to go
	any farther than the terrace.
Hamlet:	You read my play all wrong.
	None of that is true.
	You're all mixed up
	with your nursemaid stories.
Poet:	You're always so arrogant.
	I don't doubt that you are brave,

lo probaste en alta mar
al abordar los piratas
en increíble dislate,
cuando saltó el disparate
y dio bandazos tu autor.
Pero te encogiste frente
al fantasma peregrino
tan parecido a tu padre.

Hamlet: Por el contrario, fui adre-
demente entre mi gente
para abrirme camino.
Sin embargo, es natural
que estuviera asombrado
por lo sobrenatural.
¿Qué harías tú si un finado
te salta de un matorral?

Poeta: Yo exclamaría ¡Qué padre!

Hamlet: Es una finta vulgar
indigna de ti, rapaz.
Si amas realmente al arte
tendrás que reportarte
y ceñirte a lo veraz.
Tienes que "ser", no "hablar",
como esa gente que vuela
de un romance de vihuela
tras el aplauso banal.

Poeta: ¿Y si fui ya no seré?
¿Y si vivo moriré?
¿Y si muero acabaré?

Hamlet: Lo que pasó, ya pasó.
Es fuerte forzosidad.

Poeta: ¡Un pleonasmo te agarré

| | you proved it on the high seas
when you absurdly boarded the pirates
as your author had a crazy idea
and swerved.
But you shrank at the sight of
the wandering ghost
who so resembled your father.
| Hamlet: | On the contrary, I walked
deliberately through my people
so they had to make way for me.
Nevertheless, it is natural
for someone to be surprised
by the supernatural.
What would you do if some dead guy
jumped out of a bush at you?
| Poet: | I would say "Cool!"
| Hamlet: | That's a vernacular feint
unworthy of you, kid.
If you truly love art
you'll have to control yourself
and limit yourself to the truth.
You have "to be" not "to speak,"
like those people who rush out
from a vihuela ballad
after the banal applause.
| Poet: | And if I was will I no longer be?
And if I live will I die?
And if I die will it be the end of me?
| Hamlet: | What has happened, is over.
It's an inevitable inevitability.
| Poet: | Ha! A pleonasm!
Catch as catch can ...

| | y el que agarró ...
|-------------|
| Hamlet: | Lo sé.
| | Tu tendencia es trastocar
| | y te gusta el calambur.
| Poeta: | *Tu quoque.* ¡Ave y abur!

(Quiere irse, y Hamlet le sujeta por el cuello.)

| Hamlet: | Aguarda. Vas a entender
|-------------|
| | que para la eternidad
| | no importa la actualidad,
| | el fin es ser o no ser.
| Poeta: | ¿Eres Hamlet o su sombra?
| Hamlet: | Del infinito eres dueño
| | y me evocas. ¿Qué te asombra?
| Poeta: | Pasar del sueño a la sombra
| | para volver luego al sueño.
| Hamlet: | Es lo mismo sueño y sombra.
| | Tu vida es una sonata
| | en las manos de una joven
| | que recorre su teclado
| | instigada por Beethoven.
| | Sueño y sombra, sombra y sueño,
| | que la enciende y desbarata
| | en su fuga de fogata,
| | para abajo y para arriba,
| | y como una catarata
| | a la muerte te derriba.
| Poeta: | Quiero que pongas tu empeño
| | en resolver la cuestión,
| | que esto a mí me quita el sueño,
| | pues el que habla no nombra

Hamlet: I know.
          You tend to change things around
          and you like puns.
Poet: You, too. Hail and farewell!

          (He tries to leave, and Hamlet grabs him by the neck.)

Hamlet: Hold on. You need to understand
          that the present doesn't matter
          to eternity,
          the purpose is to be or not to be.
Poet: Are you Hamlet or his shadow?
Hamlet: You are master of the infinite
          and you conjured me up. What are you afraid of?
Poet: Passing from dream to shadow
          and back to dream again.
Hamlet: A dream itself is but a shadow.
          Your life is a sonata
          in the hands of a girl
          who goes up and down her keyboard
          instigated by Beethoven.
          Dream and shadow, shadow and dream,
          that light her up and thwart her
          in her blazing fugue,
          up and down,
          and like a waterfall
          knock you down to death.
Poet: I want you to take pains to
          resolve the question,
          because this keeps me up at night,
          since he who speaks does not name
          and aggravates my affliction even more.

                y agrava más mi aflicción.
                Si tarda la previsión,
                cuando termine la espera
                estaremos ya al ras,
                y lo que venga de fuera
                o lo que quede en cantera
                será el parce y no la paz.
Hamlet: Sí que es grande tu ambición.
                El engaño de tu sueño
                es tu propia perdición.
Poeta: Quisiera yo recordar
                en este mismo lugar:
                Dar o no dar es la cuestión.
Hamlet: Ésa es la cuestación.
                Me sacarás canas verdes,
                jamás vi tal sinrazón.
                Tú ni atas ni desatas,
                y si de la cuestión tratas,
                tú te pierdes y me pierdes
                y no queda apelación.
Poeta: No volveré a transgredir
                la ley de nuestro vivir
                aunque sea contractual;
                de cualquier manera mata.
Hamlet: Lo que el tiempo te sopló
                el viento se lo llevó,
                y la vida te amargó,
                pero todo queda igual.
Poeta: Tu crueldad con los galanos
                Rosencrantz y Guildenstern
                te mancha. Erais real-
                mente amigos, pues no en vano

	If the prediction is delayed,
	when the waiting is done
	we will be full to the brim
	and whatever comes from afar
	or what stays untapped
	will be the plot and not the peace.
Hamlet:	Your ambition sure is big.
	The trickery in your dream
	is your downfall.
Poet:	I would like to remind you
	here and now:
	to give or not to give is the question.
Hamlet:	That is the donation request.
	You'll turn my hair green,[19]
	I never saw such nonsense.
	You neither tie nor untie,
	and if it's about the question,
	you get lost and you lose me
	and it's hopeless.
Poet:	I will not transgress
	the law of our life
	even if it's contractual;
	either way, it kills.
Hamlet:	Whatever time blew your way
	is gone with the wind,
	and life made you bitter,
	but everything else is the same.
Poet:	Your cruelty toward the gallant
	Rosencrantz and Guildenstern
	dishonors you. You were really
	friends, and not in vain
	they thought they served you,

---

19 You'll drive me crazy.

| | ellos creían servirte,
| | ya que ignoraban la urdimbre
| | inventada por el rey.
| | Obedecerle era ley.
| | Los trataste a lo gitano.
| Hamlet: | Pero tú ignoras el timbre
| | del poder y la realeza;
| | yo mando por mi cabeza
| | y no por lo que otros ven.
| Poeta: | No creo que estuvo bien
| | el pliego en substitución
| | al que envió el soberano:
| | tuviste la idea, villano,
| | de escribir en el papel,
| | mátalos hasta inconfesos.
| | ¿Qué dices de estos excesos?
| | Cuando estaba humillado el
| | asesino y a tu alcance,
| | con el alma ya serena
| | de la inmundicia lustrado,
| | no cumpliste su condena,
| | esperando mejor trance
| | cuando se hallara en pecado
| | para mandarlo al azufre,
| | porque es en el que se sufre,
| | y no en la gloria sin pena
| | en donde al fin el malvado
| | puede gloriarse a la buena.
| | ¿Por qué no la paridad?
| Hamlet: | Con mi padre, a este tenor
| | sí, porque murió en la flor
| | de su crimen y pecado,
| | y para ser igualado

	since they were not aware of the scheme
	invented by the king.
	To obey him was the law.
	You gypped them.
Hamlet:	But you are ignoring the title
	of power and royalty;
	I rule by what I think
	and not by what others see.
Poet:	I don't think the sealed orders to substitute
	those that the king sent were right:
	you, villain, had the idea
	to write on the paper,
	kill them even if they don't confess.
	What do you have to say about these excesses?
	When the assassin was humbled
	and within your reach,
	with his soul already at peace
	shining with filth,
	you did not carry out his sentence,
	waiting for a better moment
	to catch him in sin
	to send him to the sulfur,
	because that's where one suffers,
	and not to heaven without punishment
	where in the end the evildoer
	could really glory.
	Why no parity?
Hamlet:	With my father, in this sense
	yes, because he died at the height
	of his crime and sin,
	and to be even
	the other one should die

| | el otro debía morir
| | igualmente condenado.
| Poeta: | Pero no los caballeros
| | tus amigos, compañeros
| | de aprendizajes y juerga
| | con quienes en Vitenberga
| | estabas tan asociado
| | cuando todo era bonanza
| | y no andabas preocupado
| | por ninguna malandanza
| | como hoy, acancerado,
| | con marcas de mala crianza.
| Hamlet: | Se me pasó la mano.
| | El poder es el poder.
| | Pero no puedes poner
| | en duda mi encastillado.
| | Tengo el gusto delicado,
| | a la poesía me inclino.
| | Cuando me invocaste
| | no tardé al fiel contraste,
| | y aquí me tienes a tino.
| | Y otra, por lo que más quieras,
| | no pretendas ayudarme,
| | pues me pones al revés,
| | y a punto estás de inmolarme
| | en nombre, gloria y prez.
| | Si sigues con tus manejos
| | me regresaré a Jutlandia.
| Poeta: | Yo me voy a Disneylandia
| | y así estaremos parejos.
| Hamlet: | Te equivocas: disparejos.
| | Disneylandia es la trolera;

	equally condemned.

Poet: But not your two gentlemen
friends, companions
in learning and in play
with whom in Wittenberg
you were so close
when everything was prosperity
and you didn't go around worried
about any misfortune
like today, cancerized,
with signs of a bad upbringing.

Hamlet: I went too far.
Power is power.
But you can't
doubt what I have shown you.
I have delicate taste,
I favor poetry.
When you called me
I didn't take a long time at the notary,
and here you have me right on target.
And what's more, no matter how much you want to,
don't try to help me,
because you turn me upside down,
and you are about to sacrifice me
in name, glory and honor.
If you keep up your tricks
I will go back to Jutland.

Poet: And I will go to Disneyland,
that way we'll be even.

Hamlet: You're wrong: uneven.
Disneyland is pretend;
my homeland, a window

| | mi tierra, si ventanera
| | de la mar, es verdadera.
| Poeta: | Mentira hay que es verdad.
| Hamlet: | ¿Acaso es adivinanza?
| | Será la divina holganza
| | del castillo de Baviera,
| | porque ése es Disneylandia
| | de mentirosa verdad.
| Poeta: | Acertaste a la primera.
| | Pero ¿entonces la sirena
| | no es vuestra macarena?
| | ¿Se oye su cantilena?
| Hamlet: | No es de esa idoneidad.
| | La pescaron en un cuento.
| | Es tan sólo un repulgo
| | que al pasajero vulgo
| | le regala la ciudad.
| Poeta: | Sigamos con el recuento.
| | A mí me causa mosqueo
| | tu supuesto alelamiento.
| | En tu drama hay un muestrario
| | de todo lo que es obsceno,
| | pues con un lenguaje inmundo,
| | en estilo cuartelario
| | y frases de doble empleo
| | insultaste a medio mundo
| | sin poner ningún refreno.
| | Te alejabas de la gente
| | para fingirte demente
| | y volver a tu devaneo,
| | soez, duro, inclemente.
| Hamlet: | Prefiero abrir el pichel

	to the sea, is real.
Poet:	There are lies that are true.
Hamlet:	Is this a riddle?
	It must be the divine repose
	of the Bavarian castle,
	because that is Disneyland
	of false truth.
Poet:	You were right on the first try.
	But then, is not the mermaid
	your people's symbol of hope?
	Does one hear her ballad?
Hamlet:	It doesn't suit her.
	They caught her in a story.
	She's just a decoration
	that the city shows
	to the common tourists.
Poet:	Let's get back to the inventory.
	I am suspicious of
	your supposed bewilderment.
	In your drama there is a sampling
	of everything that is obscene,
	for with foul language,
	in barracks style,
	and double-entendre phrases
	you insulted loads of people
	without restraint.
	You distanced yourself from people
	so you could look insane
	and go back to your delirious talk,
	rude, tough, ruthless.
Hamlet:	I prefer to open the tankard
	and not swallow the gall

| | y no tragarme la hiel
| | que me envenene el aliento.
| | ¿Querías que me befaran
| | y a las barbas me soplaran?
| Poeta: | Recuerdo bien el fragmento
| | cuando estás frente a ti mismo
| | y haces sonar tu lirismo
| | autoritativamente
| | con un arremetimiento
| | rayano en el paroxismo.
| Hamlet: | El rey se tenía en guardia,
| | cuidaba su retaguardia,
| | estaba a la defensiva,
| | despachaba mensajeros
| | y ponía sellos arteros.
| Poeta: | Ofelia decía malicias,
| | y ya me imagino el aire
| | que pondría cuando al socaire
| | "Mi señor", te repetía
| | de deliciosa manera
| | lo que ella se sabía,
| | con la misma insensatez,
| | que en la reunión de mujeres
| | las chicas todas a una
| | sin temor a cosa alguna
| | aventaron las chancletas
| | bailando en las losetas
| | con bellos, descalzos pies.
| | La reina te alcahueteaba
| | defendiendo tu manía
| | cuando a Polonio, sin vida,
| | dejaste de una estocada,

	that might poison my breath.
	Did you want them to mock me
	and insult me?
Poet:	I remember well the passage
	when you confront yourself
	and you let fly your lyricism
	authoritatively
	with an assault
	bordering on hysteria.
Hamlet:	The king was on alert,
	watching his rearguard,
	he was on the defensive,
	dispatching messengers
	and using sly seals.
Poet:	Ophelia was saying risqué things
	and I can imagine the airs
	she'd put on when protected by
	"My lord," she would repeat to you
	in a delicious way
	what she knew,
	with the same foolishness
	as when a bunch of women got together
	the girls all at once
	without any fear
	threw off their sandals
	dancing on the tile floors
	with beautiful bare feet.
	The queen played matchmaker for you,
	defending your madness
	when you struck Polonius lifeless
	with a sword,
	exposing his belly

y expusiste su barriga
digna de mejor intriga.
También los sepultureros
hicieron sus chistes torvos,
y todos ponían estorbos
que estropeaban el mandato,
que adrede el destino loco
con un pretexto barato
guardaba en su desbarato.
Sólo Horacio era sensato,
pues era parco al hablar,
por lo que se supo poco,
y ante la duda es mejor
absolver que condenar.
El acero y la ficción,
la añagaza, el expediente,
he aquí tu señalamiento
y tu determinación.

Hamlet: No sabes lo que es la ética,
y yo sí mi obligación
de príncipe y de poeta.

Poeta: Entonces, anacoreta
prefiero ser y no Borgia.

Hamlet: Tú sales de alguna logia
liberal, chambón, inculto,
hablas por aproximación,
sólo al tanteo y al bulto.
¡Por mi sangre elizabética
debía darte un coscorrón!

Poeta: No seas tan impaciente,
atempera tu corriente.
No es que yo quiera insultarte

           worthy of better intrigue.
           Also the gravediggers
           told their grim jokes,
           and everyone put up obstacles
           that ruined the mandate
           which crazy fate deliberately
           with a cheap pretext
           kept in its wreckage.
           Only Horatio was sensible,
           because he spoke sparingly,
           from which one learned little,
           and in the face of doubt it is better
           to absolve than to condemn.
           Steel and fiction,
           enticement, expedience,
           here are your assignation
           and your determination.
Hamlet: You don't know what ethics are,
           and I do know my obligation
           as prince and as poet.
Poet: Then I prefer to be an anchorite
           and not a Borgia.
Hamlet: You come from some liberal
           lodge, blunderer, uncultured,
           you speak by estimate,
           groping, approximating.
           By my Elizabethan blood
           I should give you a slap on the head.
Poet: Don't be so impatient,
           temper your current.
           It's not that I want to insult you,
           since I am your admirer,

| | ya que soy tu admirador,
| | pero deseo recordarte
| | que eres un egocentrista.
| | En tu honda condición,
| | eres un gran egoísta,
| | un auténtico anarquista.
| Hamlet: | Y tú un soberbio embrollón.
| | Prefiero que tú me digas,
| | pero dímelo en cantigas,
| | las flores que te enseñaron
| | en el famoso plantel.

(Cantar en tono de balada.)

| Poeta: | Que los que la tierra araron
| | no siempre la cosecharon,
| | y que los enanos
| | que en ella brincaron
| | nunca, nunca la amaron.
| | Que jurar es perjurial
| | y vivir existencial.
| | Que la actual generación
| | que crió la televisión
| | se olvidó de Altisidora,
| | de Helena y de Mona Lisa,
| | y encanallada de amor,
| | toma por alta señora
| | a la rubia Superior.
| | Dijeron que subiría
| | la vida con amargor,
| | y que todo ascendería
| | con Zubiri en ascensor

but I want to remind you
that you are an egocentric.
In your innermost self
you are a big egotist,
a real anarchist.

Hamlet: And you are an arrogant troublemaker.
I prefer that you tell me,
but say it in a song,
the lessons they taught you
back in your famous nursery school.

(Sing in ballad style.)

Poet: That those who tilled the earth
did not always get the harvest,
and the dwarfs who jumped around on it
never ever loved it.
That to swear an oath is perjury
and to live is existential.
That the current generation
who invented television
has forgotten about Altisidora,
Helen and the Mona Lisa,
and corrupted about love,
takes as its high ladyship
the blonde Superior.[20]
They said that life
would become more bitter
and that everything would ascend
with Zubiri in an elevator
up to God with their petitions,

---

20 A brand of Mexican beer.

           hasta Dios con sus querellas,
           pero que en las estrellas
           girarían por el amor.
           En cuanto a récord de altura
           (eso dijo Apollinaire)
           Cristo es el gran triunfador
           remontando la investidura
           mejor que un aviador.
           Que el diablo a mí no me triza
           ni en miércoles de ceniza.
Hamlet: Querrás decir que te tizna.
Poeta: Ése aún no está en brizna,
           pues yo nací en Veracruz
           donde la churre no es bizna
           y el calor es nuestra cruz.
           Sólo tenía siete eneros
           y andaba de talabarte:
           señas de mí puede darte
           la gente de mi letrero.
           Yo conquisté mi renombre
           apostrofando al más hombre
           de los lobos esteparios,
           y con mi fuerza tirana
           maté pulgas a desgana
           y me uní a los futurarios.
           A mí nadie me la pega
           y ninguno a mí me enarca.
Hamlet: Rimas a contra y talega
           y acaso sólo es trasiega.
Poeta: Igual que Lope de Vega
           y Calderón de la Barca.
           (Fin de la balada.)

                but that the stars
                would revolve around love.
                As far as altitude records
                (Apollinaire said that)
                Christ is the greatest victor
                soaring over the investiture
                better than an aviator.
                That the devil cannot shred me
                even on Ash Wednesday.
Hamlet: You mean to say that he stains you.
Poet: Not even a trace,
                for I was born in Veracruz
                where there is no layer of grime over us
                and the heat is our cross.
                I was only seven years old
                and wore a sword belt:
                people from my neighborhood
                can describe me to you.
                I won renown
                apostrophizing the most manly
                of the steppenwolves,
                and with my tyrannical force
                I reluctantly killed fleas
                and linked up with the futuraries.
                Nobody deceives me
                and no one praises me.
Hamlet: A bag full of counter-rhymes
                that just turn things upside-down.
Poet: Just like Lope de Vega
                and Calderón de la Barca.

                (End of ballad.)

Hamlet: ¿Y qué dijeron del diablo?
Poeta: Que huele a azufre el vocablo;
            que el diablo es un amargado,
            un frívolo empetatado
            que ha perdido la sonrisa,
            en fin, un pobre nahual,
            con decirte que va a misa,
            y no hace ni bien ni mal.
Hamlet: ¿Sabes lo que es retórica?
Poeta: La caja metafórica,
            igual a la de Pandora.
Hamlet: Nunca la abras jamás,
            no sabes lo que atesora,
            sus gajes fueron dolores
            para Goethe y los amores
            que no gozó en Marienbad.
            ¿A que asiste la rima?
Poeta: A la frase que se arrima.
            Si ésta es oportuna,
            acaso te hará soñar.
            Pero si rima a la tuna
            seguro pierde el azar.
Hamlet: ¿Qué razón me puedes dar?
Poeta: La rima, Hamlet, desvía
            del hilo de la poesía
            y nos hace titubear.
            ¿Has visto al equilibrista
            que tiene puesta la vista,
            en vilo, a lo esencial?
            Acierta sólo el artista,
            pero no el hombre casual
Hamlet: ¿Entonces el casualista

Hamlet:	And what did they say about the devil?
Poet:	That his name smells like sulfur;
	that the devil is embittered,
	a frivolous hobo
	who has lost his smile,
	just a poor phantom,
	meaning he goes to mass,
	and does neither good nor evil.
Hamlet:	Do you know what rhetoric is?
Poet:	The metaphorical box,
	just like Pandora's.
Hamlet:	Never ever open it,
	you don't know what it holds,
	its occupational hazards were painful
	for Goethe and the loves
	he did not have in Marienbad.
	Whom does rhyme help?
Poet:	The phrase that comes to mind.
	If it is right,
	perhaps it will make you dream.
	But if it only rhymes like a sing-song
	it will surely lose the game of chance.
Hamlet:	Can you tell me the reason why?
Poet:	Rhyme, Hamlet, strays
	from the theme of the poem
	and makes us hesitate.
	Have you ever seen the tightrope walker
	who has his sight set,
	suspended, on the essential?
	The true artist always stays on target
	but the amateur does not.
Hamlet:	So the amateur

	no es más que un arribista?
Poeta:	No hay nada que lo redima
	pues sólo quiere medrar.
	Cabal es el de la prima
	y no el mero apostador:
	el uno tan sólo tima
	y el otro acierta en rigor.
Hamlet:	Hubo un tiempo en que la luna
	fue amada de los poetas;
	Leopardi, Laforgue, Lugones,
	la rodearon de canciones
	de un amanera importuna.
Poeta:	Yo era entonces modernista
	y un poco crepuscular,
	y en mis horas indiscretas
	la seguía con la vista
	alzarse sobre las mieses,
	o en jardines de cipreses
	deslizar su aristocracia.
	Tampoco le quise hablar.
	Nunca le dije ¿Qué tienes?"
	como Juan Ramón Jiménez.
	Le sonreí algunas veces
	a su quimérica gracia.
	Fue pobre nuestra amistad.
	Cuando comprendí que ya
	muerta para siempre está,
	de ella me despedí,
	y dando nuevos virajes
	la olvidé pronto en los viajes
	que por el mundo emprendí.
Hamlet:	¿Cómo consona la luna?

	is nothing more than an opportunist?
Poet:	There's nothing that can redeem him
	since all he cares for is success.
	The trustworthy one is he who makes an investment
	and not the mere gambler:
	one is just a swindler
	and the other gets it right in reality.
Hamlet:	There was a time when the moon
	was beloved by poets;
	Leopardi, Laforgue, Lugones,
	they surrounded it with songs
	in an annoying way.
Poet:	Back then I was a Modernista
	and a little twilighty,
	and in my indiscreet hours
	I would watch it
	rise above the cornfields,
	or glide its aristocracy
	through cypress gardens.
	I didn't try to speak to it.
	I never said "Tell me what you are like,"
	as did Juan Ramón Jiménez.
	I smiled a few times
	at its chimerical grace.
	Ours was a poor friendship.
	When I learned that it was
	already dead forever,
	I bid it adieu,
	and turning in new directions
	I soon forgot about it on the trips
	around the world that I began.
Hamlet:	How does the moon rhyme?

Poeta: Mirándose en la laguna
y volviéndose de plata;
gástala en la serenata
y quiebra a la Fortunata,
que vida no hay más que una.
Hamlet: Canijo, tú me das soga,
te metes en las mareas
y todo lo bemoleas.
No eres el niño que se ahoga
si el pozo está destapado,
ya ni creo que niño seas.
Poeta: ¡Qué hermosa revelación
de lo que estaba ocultado,
apenas tornasolado
vuélvese brillante sol!
Hamlet: ¿Qué te importa lo encubierto?
Tú piensa sólo en lo cierto,
lo precipuo es la cuestión.
Cuando te grite la parca
ya tu tiempo se acabó,
procura estar en la barca
y que tu "yo" sea tu "yo".
¿A favor de quién estás?
Poeta: Miremos a uno por uno.
Hamlet: ¿Te simpatiza Unamuno,
Sartre, Marcel, Kierkegaard?
Poeta: No olvides al nazifás
Heidegger.
Hamlet: ¡Faltaba más!
Das Nichts nichtet.
En suma, Nadas de nada.
Poeta: Aparta lo sibilino,

Poet:	Looking at itself in the lagoon
	and turning silver;
	spend it all on a serenade
	and bankrupt Fate,
	because you only live once.
Hamlet:	You weakling, you make fun of me,
	you get into trouble
	and you make everything difficult.
	You aren't the kid who drowns
	if the well is uncovered;
	nor do I think you are a kid at all.
Poet:	What a beautiful revelation
	of what was hidden,
	just barely iridescent
	and it becomes a brilliant shining sun!
Hamlet:	What do you care about what is hidden?
	You think only about what is certain,
	the principal thing is the question.
	When the Fates shout to you
	that your time is up,
	try to be at the boat on time
	and to thine own self be true.
	Whose side are you on?
Poet:	Let's look at them one by one.
Hamlet:	Do you like Unamuno,
	Sartre, Marcel, Kierkegaard?
Poet:	Don't forget that Nazi
	Heidegger.
Hamlet:	That tops it all.
	Das Nichts nichtet.
	In short, The nothings nothing.[21]
Poet:	Set aside the prophecies,

---

21 MMA's Spanish line is "Nothings of nothing," but it is not a correct translation of the Heidegger line ("The existence exists, but the nothings nothing," from "What is metaphysics?")

	al pan pan y al vino vino.
Hamlet:	Sartre dijo: Soy la nada.
Poeta:	Y yo digo, no soy él,
	pues lo falso está en la mente.
Hamlet:	Lucrecio afirmó también
	que el miedo era inexistente
	y está sólo tras la frente.
	Nada digas de repente,
	hablar es delicuescente,
	y tente tieso a tu vez.
Poeta:	La vida es sentimental.
Hamlet:	La vida es circunstancial.
Poeta:	La vida tan sólo es una.
Hamlet:	Querrás decir que no es dada.
Poeta:	El tiempo no vale nada.
Hamlet:	Hay patos en la laguna.
Poeta:	Yo nado con la quimera.
Hamlet:	Tú nadas con la frutera.
Poeta:	Yo sufro con la frutera.
Hamlet:	Y tú sufres con la quimera.
Poeta:	Bailemos con la serrana.
Hamlet:	Corramos por la pradera.
Poeta:	La vida está en el mañana.
Hamlet:	Pero el mañana no es nada.
Poeta:	Dale espaldas a la nada.
Hamlet:	Trinquemos con Santillana
	pero ya no digas nada.
Poeta:	La nada es desnarigada,
	la desnarigada es nada.

(Interviene la Muerte.)

	and call a spade a spade.
Hamlet:	Sartre said: I am nothingness.
Poet:	And I say, I am not he,
	for falsehood is in the mind.
Hamlet:	Lucretius also affirmed
	that fear was nonexistent
	and is only behind the brow.
	Don't say anything suddenly,
	to speak just melts away,
	and stand firm in your opinions.
Poet:	Life is sentimental.
Hamlet:	Life is circumstantial.
Poet:	Life is only one.
Hamlet:	You mean it is not a given.
Poet:	Time is worth nothing.
Hamlet:	There are ducks in the lagoon.
Poet:	I swim with the chimera.
Hamlet:	You swim with the fruit vendor.
Poet:	I suffer with the fruit vendor.
Hamlet:	And you suffer with the chimera.
Poet:	Let's dance with the mountain girl.
Hamlet:	Let's run through the fields.
Poet:	Life is in the future.
Hamlet:	But the future is nothing.
Poet:	Turn your back on nothingness.
Hamlet:	Let's get drunk with Santillana
	but say nothing.
Poet:	Nothingness is a skull,
	a skull is nothing.

(Death intervenes.)

Muerte:	Fantoches de la tiznada
	verán si la nada es nada,
	nadie puede probar nada.
Hamlet:	La nada es nada de nada.
Poeta:	Y la misma nada es nada.
Hamlet:	Yo nado con la quimera.
	Cambiemos por la pantera.
Poeta:	La muerte es más sandunguera.
Hamlet:	Da vueltas la ventolera.
Poeta:	Yo lucho contra la nada.
Hamlet:	La nada es tu compañera.
Poeta:	¿Entonces yo soy la nada?
	¡Ah viento de ventolera!
	Ya no quiero nada, nada. (Pausa.)
	Dime, Hamlet, mi hermano,
	¿por qué dudas en la acción?
	Si sabes que todo es vano,
	con los pelos en la mano
	dueño eres de la cuestión.
Hamlet:	Si dudo, amigo Manuel,
	es a causa del traslumbre;
	lo que hoy es tapado fiel
	mañana será deslumbre
	y querrán morir por él.
	En este mundo bribón
	el juego de la mentira
	está en nuestro corazón.
	Cuando la alondra suspira
	y te arrulla su canción,
	la verdad es que ya expira
	y acabó nuestra ilusión.
Poeta:	Hamlet, Hamlet, cuán amarga

Death:	Screw you, loudmouth braggarts.
	You'll see if nothingness is nothing,
	no one can prove anything.
Hamlet:	Nothingness is nothing of nothing.
Poet:	And nothing itself is nothing.
Hamlet:	I wallow with the chimera.
	Let's change to the panther.
Poet:	Death is more charming.
Hamlet:	The pinwheel is spinning.
Poet:	I fight against nothingness.
Hamlet:	Nothingness is your companion.
Poet:	So then I am nothingness?
	Oh, gust of wind!
	I want nothing, nothing anymore. (Pauses.)
	Tell me, Hamlet, my brother,
	why do you hesitate to act?
	If you know that everything is in vain,
	and you are very certain of it,
	you are master of the question.
Hamlet:	If I hesitate, dear Manuel,
	it is because of the dazzling light;
	what today is a loyal secret
	tomorrow will be blinding,
	and they'll be willing to die for it.
	In this scoundrel world
	the game of lies
	is in our heart.
	When the lark sighs
	and sings you to sleep,
	the truth is it is dying
	and our illusion has ended.
Poet:	Hamlet, Hamlet, how bitter

                suena en mí tu reflexión.
                Yo creía la vida larga,
                de una eterna duración,
                pero hoy sé que nos embarga
                el roedor de la razón.
Hamlet: Mantente siempre en la brecha.
                No aceptes la cosa hecha:
                es parte de la cuestión.
Poeta: Mira, Hamlet, nuestra historia
                es cosa para soñar;
                como tú yo amé la gloria,
                la mujer, la tierra, el mar.
                Nunca ducho fui en la esgrima,
                ni acerbo. Cuanto a la rima
                la tomé con suavidad.
                No supe estarme callado:
                mi vida fue un altercado
                con Dios y la Eternidad.
                Yo no estuve en el infierno
                pues no me parezco a Dante;
                él llevaba siempre túnica
                y yo la camisa única;
                él era poeta tomista
                y yo avanguardista.
Hamlet: No quiero tirarte el guante,
                pero fuiste del gobierno,
                te subiste al carrusel.
Poeta: Pero no estuve con él
                ni él con mi sacramento.
                En el establecimiento
                las almas son de cemento
                y las glorias de papel.

	your reflection sounds to me.
	I thought life was long,
	of eternal duration,
	but now I know that we are hindered
	by the gnaw of reason.
Hamlet:	Keep at it, always.
	Don't accept done deals:
	it is part of the question.
Poet:	Look, Hamlet, our story
	is something to dream about;
	like you I loved glory,
	women, the land, the sea.
	I was never an expert at fencing,
	nor at cutting remarks. As far as rhyme goes,
	I took it easy.
	I couldn't keep quiet:
	my life was always an argument
	with God and Eternity.
	I was never in Hell
	since I am not like Dante;
	he always wore a tunic
	and I a plain shirt;
	he was a Thomist poet
	and I a vanguardista.
Hamlet:	I don't want to challenge you,
	but you were in the government,
	you jumped on the bandwagon.
Poet:	But I wasn't with it
	nor it with my sacrament.
	In the establishment
	souls are made of cement
	and glory is on paper.

Hamlet:	Eso suena a desahogo.
Poeta:	Siempre fui a la verdad
	fiel, y jamás me arrogo
	el gesto del demagogo
	o cosa que no es veraz.
Hamlet:	Mejor es que estés callado,
	no digas una palabra,
	la obra es la que nos labra
	y olvídate lo demás.
Poeta:	Contigo iré hasta el final.
	En aquel tiempo lejano
	¿en qué te entretenías
	fuera de lo cortesano
	y de tus melancolías?
Hamlet:	Yo me subía al castillo
	a mirar la lejanía,
	el mar estaba a rastrillo,
	azul, gríseo, lechoso;
	y mi alma se dilataba
	en tanto que yo soñaba,
	y me sentía dichoso.
	Zarpaban barcos del puerto
	y pensaba ¿adónde irán?
	Todo leve parecía,
	pues tenía el pecho abierto
	cuando pesaba lo arcano;
	es verdad que aún no había
	tomado la muerte en mano
	y Ofelia era mi imán.
	Extraño los tiempos viejos
	y los bailes de candil,
	a Ofelia entre los espejos,

Hamlet:	That sounds like you're trying to get something off your chest.
Poet:	I was always faithful
to truth, and I never assume
the gesture of a demagogue
nor anything untrue.
Hamlet:	Better to keep quiet,
don't say anything,
our work is what shapes us,
and forget about the rest.
Poet:	I will stick with you until the end.
Way back then,
how did you entertain yourself
other than with the court
and your melancholy?
Hamlet:	I used to go up to the castle
to look out into the distance
at the sea's smooth lines,
blue, greyish, milky;
and my soul lingered
as I dreamed
and I felt blessed.
Boats sailed out of the port
and I wondered where they were going.
Everything seemed easy,
for my heart was open
when I pondered mysteries;
it's true that I still had not
taken death into my own hands
and Ophelia was my attraction.
I miss those old times
and the candlelit dances,
Ophelia reflected in the mirrors,

| | Laertes de aire gentil.
| | Todo aquello está tan lejos
| | y tan bello era, que
| | parece que nunca fue.
| Poeta: | ¡Qué vivos nuestros reflejos!
| | Yo entraba como un alfil
| | deslizándome en el parqué;
| | en escaques de ajedrez
| | los pajes, la reina, el rey,
| | remedaban un ballet.
| | Me salía por los espejos
| | y había reverencias mil.
| | ¿Qué fue, Hamlet, lo que fue?
| Hamlet: | El tiempo se hizo senil.
| Poeta: | Tengo una aprehensión sutil
| | que no te puedo ocultar.
| | No puedo entender la treta
| | de aquella escena obsoleta
| | en que la insultaste vil.
| Hamlet: | Ella era de la Secreta
| | y se me volvió hostil.
| Poeta: | ¿Dices que era garfil?
| Hamlet: | No. Pero sí estafetil.
| Poeta: | Refiéreme la parleta.
| Hamlet: | Me la mandó el Chambelán
| | con el fin de averiguar
| | si iba bien de la cabeza,
| | y poderse asegurar
| | ya con entera certeza
| | de ser farsa mi desmán.
| Poeta: | Mas ¿tú cómo lo supiste?
| Hamlet: | Lo supo la Conasupo.

	Laertes with his genteel air.
	All that is so far away now
	and was so beautiful, that
	it seems like it never happened.
Poet:	How vivid our recollections!
	I entered like a bishop
	sliding across the parquet;
	on the chess squares
	the pawns, the queen, the king,
	mimicked a ballet.
	I would exit through the mirrors
	to a thousand bows.
	What was it, Hamlet, what was that?
Hamlet:	Time became senile.
Poet:	I have a slight apprehension
	that I cannot hide from you.
	I don't understand the ploy
	in that outdated scene
	when you insulted her so cruelly.
Hamlet:	She was part of the Secret
	and she became hostile toward me.
Poet:	Are you saying that she was trying to catch you?
Hamlet:	No. But she was a messenger.
Poet:	Remind me which passage it was.
Hamlet:	The Chamberlain sent her to me
	to find out
	if I was in my right mind,
	and to assure himself
	completely
	that my excess was a farce.
Poet:	But how did you find out?
Hamlet:	The government stores got the scoop.

Poeta: Pero si allí nadie supo
que es pan, azúcar, yantar.
Hamlet: ¡Ah rayos, truenos del Isste,
adónde vas a parar!
Poeta: Eso lo supo el autor
pero tú no lo supiste,
era tan sólo una treta
que te endosó Chequexpir.
Hamlet: Precisa es la conjetura:
Ante el rey, Polonio dijo,
"Le echaré a mi hija".
Poeta: Pero tú no estabas allí,
y fue antes de la rija.
Hamlet: Me disponía a salir.
Poeta: Son solamente sospechas,
acaso creíste oír,
pudiste oír de través
o lo leíste después.
¿Era Ofelia de las derechas?
Hamlet: Me parece que te propasas.
Poeta: Y tú cuando en su regazo
te acostaste en la función,
¿no diste acaso sospechas?
¿Te acuerdas de la razón
que diste, saliendo al paso
de la real invitación?
No metal, divino raso
debió ser tu sinrazón.
¿Trajiste el manuscrito?
Hamlet: Allí no está el finiquito
de todo lo que pasó.
Poeta: Fue el día de San Valentín

Poet:	But there no one could find out,
	because it's only bread, sugar, food.
Hamlet:	Oh thunder and tarnation,
	when are you ever going to stop!
Poet:	The author knew that
	but you never found out,
	it was just a trick
	that Checkspeare endorsed to you.
Hamlet:	One has to presume:
	Polonius said to the king,
	"I'll loose my daughter to him."
Poet:	But you weren't there,
	and it was before the rift.
Hamlet:	I was getting ready to leave.
Poet:	They're just suspicions,
	maybe you thought you heard them,
	you could have heard them wrong
	or you read it later.
	Was Ophelia a right-winger?
Hamlet:	I think you're going too far.
Poet:	And when you lay down
	on her lap during the play,
	didn't that arouse suspicion?
	Do you remember the reason
	you gave, forestalling
	the royal invitation?
	Your nonsense had to be
	silky smooth, not brazen.
	Did you bring the manuscript?
Hamlet:	The final version of everything that happened
	is not included there.
Poet:	It was Valentines' Day

	que perdió su doncellez.
Hamlet:	Estoy de chismes ahíto
y hay que buscarles fin.
Poeta:	Antes de que se ahogara
aquella linda criatura
y de esa manera rara,
que parece una impostura,
a la reina le contó
lo de antes y después.
También el rey lo escuchó.
Está allí lo que repito,
aunque con mayor primor.
Léelo entre renglones,
canciones y decepciones
que a mí mismo me confió.
Hamlet:	Me las voy a procurar.
Poeta:	Tu trato con la beldad
lleno está de oscuridad.
Hay quien dice que la amabas,
mas no era hondo tu amor.
Rumoran que os besabais
mientras que en la soledad
las horas lentas pasabais
en ceñida intimidad.
Hamlet:	Por aquella novia muerta
me rehúso a declarar;
que el mundo crea lo que quiera:
la vida es una quimera
y Ofelia no ha de tornar.

(Cantado en tono de balada.)

	when she lost her virginity.
Hamlet:	I am fed up with gossip
	and it's time to stop it.
Poet:	Before that beautiful
	creature drowned
	and in that strange way,
	which seems like a misrepresentation,
	she told the queen
	about before and after.
	The king heard it too.
	What I say is written there
	although more skillfully.
	Read it between the lines,
	songs and deceptions
	that she confided even to me.
Hamlet:	I'm going to get them.
Poet:	Your treatment of the beauty
	is full of obscurity.
	Some say you loved her,
	but your love was not deep.
	They gossip that you used to kiss
	while you spent long hours together
	in close privacy.
Hamlet:	I refuse to declare my love
	for that deceased beloved;
	let the world think what it wants to think:
	life is an illusion
	and Ophelia can never return.

(Sung as a ballad)

Poeta: ¿Y si otra vez el amor
te tienta con su dulzor?
Hamlet: No le habré de contestar.
Poeta: ¿Y si la primavera
viene a tu rendición?
Hamlet: Cerraré mi corazón.
Poeta: ¿Y si te diera a besar
su boca como una flor?
Hamlet: No lo quiero ni soñar.
Fue la carne mancillada
la que a mi madre perdió.
Poeta: ¿Y si te entrega la llave
de su íntimo candor?
Hamlet: Tiraría la llave al mar.
Poeta: ¿Y...?
Hamlet: ¿Eres tú el tentador?
No conjures al amor,
mejor déjalo pasar.

(Termina la balada.)

Poeta: Otra cosa hay que aclarar.
¿Por qué gritaste a Laertes
con esas palabras fuertes
y tan fuera de lugar?
¿Te acuerdas del cementerio,
cuando los sepultureros
sacaron la calavera
de Yorick, ya sin sus fueros.
En aquello hay un misterio.
¿Por qué en esos andurriales?
Hamlet: Yo salía del tremolío

Poet: And if love ever again
tempts you with its sweetness?
Hamlet: I won't answer it.
Poet: And if spring
comes to your surrender?
Hamlet: I will close up my heart.
Poet: And if it gave its lips
to kiss you like a flower?
Hamlet: I don't want even to dream about it.
It was sullied flesh
that was the downfall of my mother.
Poet: And if it gives you they key
to its intimate innocence?
Hamlet: I would throw that key into the sea.
Poet: And ...?
Hamlet: Are you the tempter?
Do not conjure up love,
you'd better just let it go.

(Ballad ends)

Poet: There's another thing to get cleared up.
Why did you yell at Laertes
with words so harsh
and so out of place?
Do you remember the cemetery,
when the gravediggers
tossed out the skull
of Yorick, now without his powers?
There's a mystery there.
Why were you in that out-of-the-way place?
Hamlet: I had just got out of that row

	de los piratas
Poeta:	¡Qué lío!
Hamlet:	para caer en la huesa
	abrumado de tristeza.
Poeta:	¿Mas tus gritos infernales?
	¿Tu querella irracional
	en medio del barrizal?
	Acababan de enterrar
	a Ofelia. Tú la ofuscaste,
	la dejaste mal herida
	y causaste su suicidio
	(deberías ir a presidio),
	pero antes, de una embestida,
	a su padre le sangraste.
	Dijiste, es una rata,
	no era cierto, fue una errata,
	y hasta lo puedo jurar.
Hamlet:	Me saltaba en la retina.
Poeta:	Estaba tras la cortina.
Hamlet:	Ya no importa, un botarate,
	que tenía que despachar.
	Escrito a nativitate
	estaba ya.
Poeta:	–Tate, tate...
	Todo es veneno y acero
	en tu determinación.
Hamlet:	Lo más terrible del drama,
	por la causa de un botón,
	fue la muerte a la derrama.
Poeta:	Explícate, barbinzón.
Hamlet:	Tenía veneno el florete
	de Laertes, que entró en la trama,

	with the pirates
Poet:	What a mess!
Hamlet:	only to fall into the grave
	overcome with sadness.
Poet:	But your hellish shouting?
	Your irrational complaint
	in the middle of mire?
	They had just buried
	Ophelia. You confused her,
	you left her wounded
	and caused her suicide
	(you should go to prison),
	but first, in an assault,
	you bloodied her father.
	You said, he's a rat,
	which wasn't true, he was an erratum,
	which I can swear to.
Hamlet:	He jumped out in front of me.
Poet:	He was behind the curtain.
Hamlet:	It doesn't matter, a fool
	that I had to get out of the way.
	It was already written
	from the beginning.
Poet:	–Hold on ...
	All is steel and poison
	in your determination.
Hamlet:	The worst part of the drama,
	caused by a foil,
	was death by distribution.
Poet:	Explain yourself, bearded one.
Hamlet:	Laertes' foil had poison on it,
	which entered into the scheme,

	pero hubo el trueque fatal.
	Yo pinchélo a él, el cual
	me esgrafió a mí, igual.
	En la copa había cicuta
	que la reina, por error,
	en medio de la disputa
	bebió ante el usurpador.
Poeta:	Pero no resultó mal,
	salió ganando el autor.
Hamlet:	La fuerza del desatino
	provocada por el cetro
	nos enredó en el destino
	y en sus redes nos cogió.
	Sólo dije: Vade retro,
	y en un golpe de costado
	mi espada lo congeló.
Poeta:	Palabras, declamaciones,
	hay muchas contradicciones
	en tu manera de actuar.
Hamlet:	Ya te expliqué que lo oculto
	me induce a desvariar,
	a veces lo de más bulto
	es difícil de feriar.
Poeta:	Te cargas mucho a lo oscuro,
	toma un poco de bromuro
	y deja de cavilar.
Hamlet:	¿Me quieres tú provocar?
Poeta:	No. Ambos somos valientes.
Hamlet:	Llevarías la de perder.
Poeta:	Estaríamos a la par.
	Me he batido hasta los dientes
	al lado de Lagarder.

	but there was a fatal twist.
	I pierced him, who
	nicked me, the same.
	There was hemlock in the cup,
	which the queen, by mistake,
	during the fight
	drank in front of the usurper.
Poet:	But it didn't turn out badly,
	the author ended up winning.
Hamlet:	The force of folly
	provoked by the scepter
	tangled us up in destiny
	and caught us in its nets.
	I said only: Vade retro,
	and in a side strike
	my sword froze him.
Poet:	Words, declamations,
	there are a lot of contradictions
	in the way you act.
Hamlet:	I already explained to you that secrets
	make me delirious,
	sometimes the biggest load
	is hardest to sell.
Poet:	You take on darkness quite a lot,
	take a little Bromo-Seltzer
	and stop thinking so much.
Hamlet:	Are you trying to provoke me?
Poet:	No. We are both brave.
Hamlet:	You'd be on the losing side.
Poet:	We'd be even.
	I have fought up to my teeth
	on the side of Lagarder.

Hamlet:	¿Por casualidad también
	de farra con Sandokán
	no te fuiste alguna vez?
	Vestirías de caftán,
	fumarías en narguilé
	estarías con la odalisca
	más hermosa del harén
	queriendo sacarle pizca,
	y te arrojaste a los pies
	de la hija del sultán,
	que te daría un tente en pie.
	¿La reina de Saba no te
	hizo un teleguiño
	o cualquier otro escarceo
	que resaltara su aliño
	como aquel dulce meneo
	con que destrozaba a Antonio,
	y no era sino el demonio
	disfrazado de mujer?
Poeta:	Me adivinas el tupé.
	Lees mejor que en el café.
Hamlet:	Sospecho que son patrañas.
	Estás mostrando tus mañas.
Poeta:	No, Hamlet, te lo aseguro
	que no son cosas de ayer,
	el tiempo está ya maduro.
Hamlet:	Hay algo que huele mal
	en este reino letal:
	una peste de salmuera.
Poeta:	Las jaibas de la albufera.
Hamlet:	Todo está en putrefacción.
	Ya no se ve el cielo.
	El aire tan alabado

Hamlet:	By chance did you also
	go on a spree with Sandokán?
	You would have dressed in a caftan,
	smoked a hookah,
	been with the most beautiful
	odalisque of the harem
	trying to take advantage of her,
	and thrown yourself at the feet
	of the sultan's daughter,
	who would tell you to get up.
	The Queen of Sheba didn't
	give you a telewink
	or any other flirtation
	that would show off her adornments
	like that sweet wiggle
	with which she destroyed Anthony,
	and was no other than the devil
	disguised as a woman?
Poet:	You see right through me.
	You can read me better than coffee grounds.
Hamlet:	I suspect they are lies.
	You're showing your cunning.
Poet:	No, Hamlet, I assure you,
	they are not things of the past,
	the time is ripe.
Hamlet:	Something's rotten
	in this lethal kingdom:
	a stench of brine.
Poet:	The crabs in the lagoon.
Hamlet:	Everything is in decay.
	You can't see the sky any more.
	The air that was so praised

| | por el pincel de Velasco
| | ahora está hecho un asco.
| Poeta: | No te salgas del presente.
| | No abandones la cuestión.
| Hamlet: | Todo está contaminado,
| | desborda ya la cloaca
| | y corre la masa empírica,
| | se diría que es la lírica.
| | Hacen olas y alharaca.
| Poeta: | El pasado es el presente
| | Y el presente es el futuro.
| Hamlet: | El tiempo no está enfrente,
| | tampoco detrás del muro.
| | Está, sí, precisamente
| | en el punto del momento,
| | no es cosa de conjuro
| | mas de tiempo simplemente.
| Poeta: | Desinteresadamente
| | Einstein tocaba el violín
| | en un tiempo diferente.
| | Su maestro le decía:
| | muchacho, cuenta hasta tres
| | o qué ¿no sabes contar?
| | Pero él entraba a destiempo
| | y se quedaba atrás,
| | en un tiempo sin compás,
| | de aquel tiempo sinfín
| | en que se medía el tiempo
| | con la cuerda de un violín,
| | y la vida valía más.
| Hamlet: | ¡ Ah! qué diablo de muchacho,
| | cree que era menos gacho

	by Velasco's paintbrush
	is now disgusting.
Poet:	Don't leave the present.
	Don't give up on the question.
Hamlet:	Everything is polluted,
	the sewer is overflowing
	and the empirical mass flows,
	one could say it is the lyric.
	They make waves and ballyhoo.
Poet:	The past is the present
	and the present is the future.
Hamlet:	Time is not in front,
	nor behind the wall.
	It is, yes, precisely
	on the dot of the moment,
	it's not a matter of incantation
	but simply of time.
Poet:	Unconcerned,
	Einstein played the violin
	in a different tempo.
	His teacher would say to him,
	son, just count to three
	or what, don't you know how to count?
	But he would come in off the beat
	and be behind,
	in a tempo without rhythm
	from that endless time
	when time was measured
	on violin strings
	and life was worth more.
Hamlet:	Oh what a devilish boy,
	to think that the tempo of that violin

             el tiempo de aquel violín,
             cuando Einstein, enclavijado,
             sonando desafinado,
             perdía las horas sin fin.
             Pero todo es relativo.
Poeta: Yo no hablo de lo vulgar,
             sino de lo sustantivo,
             hablo de la eternidad.
Hamlet: ¿Crees que el espacio es curvo?
Poeta: Quizá yo no soy tan *furbo*
             (quiero decir tan taimado)
             como Einstein pretendía
             ser él, porque si salía
             por el costado de oriente
             volvería por el poniente.
             Pero ¿quién lo contaría?
             ¿Quién lo vio alguna vez?
             o prefiero ir de frente
             como el judío portugués,
             que a fuerza de caminar,
             es decir, durar, durar,
             ya nunca regresó, pues
             al fin se encontró con Dios,
             y así siguieron los dos
             en la misma progresión.
             El tiempo con que yo cuento
             no se parece al de ayer.
             Si acaso queda un reflejo
             de aquel tiempo en el espejo
             quedaría algo por ver.
Hamlet: ¿Y qué cosas hay que ver?

| | was less awful
| | when Einstein, riveted,
| | spent countless hours
| | playing out of tune.
| | But everything is relative!
| Poet: | I'm not talking about ordinary things,
| | I'm talking about things of substance,
| | I'm talking about eternity.
| Hamlet: | Do you think that space is a curve?
| Poet: | Maybe I'm not as *furbo*
| | (I mean as crafty)
| | as Einstein claimed
| | to be, because if he left
| | from the east side
| | he would return from the west.
| | But who kept track?
| | Who ever saw him?
| | I prefer to go head on
| | like the Wandering Jew,[22]
| | who, forced to walk,
| | that is to say, to go on and on,
| | never returned, because
| | in the end he met up with God,
| | and the two went on together
| | in the same progression.
| | The time I am counting on
| | isn't like that of yesterday.
| | If by chance a reflection
| | of that time stays in the mirror
| | there would be something left to see.
| Hamlet: | And what is there to see?

---

22   MMA has the name wrong. The Portuguese Jew (el judío portugués) was an early colonial chronicler. The Wandering Jew (el judío errante) seems to be to whom Maples is referring here.

Poeta: Que el pobre duerme en petate
y se acuesta con su mujer,
los días son de metate
y las noches de querer.
Hamlet: ¿Y si aumenta la ralea?
Poeta: No es cosa que importe a él,
eso es tan sólo cuestión
de la ley de población.
Listo a perder la zalea
quiere morir al arranco,
en el primer atrabanco
y de manera liviana,
porque es hombre de través:
"Si me han de matar mañana
que me maten de una vez."
Que México, existencial,
dialéctico, imparigual,
es sólo uno, no dos,
y si viaja hay para-dos,
pues es país de excepción,
y aunque no tiene Dios,
sí tiene su calavera,
su Tonantzin agorera
crismada de Concepción.
Que este pueblo de rebozo
anda en busca del mejor;
siete tiene ya en retozo
y es capaz de echarse al pozo
si al traste da con su gozo
el emboscado mayor.
Baraja y deja cortar.
Hamlet: Hablamos distinto idioma.

Poet:	That the poor man sleeps on a straw mat
	and goes to bed with his wife,
	the days are of the grinding stone
	and nights of love.
Hamlet:	And if the breed increases?
Poet:	That doesn't matter to him,
	it's just a question
	of the law of population.
	Ready to get fleeced
	he wants to die all of a sudden,
	snatched up in a hurry
	and in a gentle way,
	because he's a transparent man:
	"If they're going to kill me tomorrow,
	let them do it right now and get it over with."[23]
	That Mexico, existential,
	dialectic, unmatched,
	is only one, not two,
	and if you travel there is enough idle for both,
	for it is an exceptional country,
	and although it has no God,
	it does have its skull,
	its Tonantzin, anointed
	prophetess of Concepción.
	That this shawl-wrapped people
	is in search of something better;
	with seven frolicking already
	it is capable of throwing in the cards
	if the biggest ambush
	ruins its happiness.
	Shuffle and cut the deck.
Hamlet:	We speak different languages.

---

[23] Verse from the popular Mexican song "La Valentina."

| | Yo digo las cosas ciertas
| | aunque parezcan oscuras;
| | tú las cosas alertas
| | como si fueran locuras.
| Poeta: | Hablo lo mejor que Roma
| | me enseñó de su vivencia,
| | a veces un poco vago,
| | pues me encanta el simbolismo,
| | me gusta la ambivalencia,
| | aire y donaire de Francia.
| | Una expresión sin halago,
| | un poema sin fragancia
| | me cae como sinapismo.
| Hamlet: | Sin embargo, hay algo aciago
| | en tu lenguaje extraplano;
| | presiento como un engaño.
| | En algunos intersticios
| | se ven ya los estropicios
| | de la verdad, y los vicios
| | aparecen sin empaño.
| Poeta: | Debes tenerme confianza.
| | Sellemos la Nueva Alianza
| | con la sangre de un cristiano,
| | o, mejor, dame la mano.
| Hamlet: | ¿Es firme tu vocación?
| Poeta: | Soy hombre determinado.
| Hamlet: | ¿En las tinieblas cómo eres?
| Poeta: | Yo soy el que vive y muere.
| Hamlet: | Está fuera de cuestión.
| | En ti quisiera creer,
| | pero no es firme tu traza,
| | hay algo que no me pasa.

| | I say things that are certain
| | even if they seem obscure;
| | you warn of things
| | as if they were lunacy.
| Poet: | I speak the best that Rome
| | has taught me of its experience,
| | sometimes a little vague,
| | for I am fond of symbolism,
| | I like the ambivalence,
| | allure and grace of France.
| | An unpleasing expression,
| | a poem without fragrance
| | strikes me as a real bore.
| Hamlet: | Nevertheless, there is something ill-fated
| | in your ultra slim language;
| | I sense deception.
| | At some intervals
| | you can already see the mess
| | of truth, and vices
| | appear unclouded.
| Poet: | You should trust me.
| | Let's seal a New Alliance
| | with the blood of a Christian,
| | or, better yet, give me your hand.
| Hamlet: | Is your calling firm?
| Poet: | I am a determined man.
| Hamlet: | How are you in the dark?
| Poet: | I am he who lives and dies.
| Hamlet: | It's out of the question.
| | I would like to believe in you,
| | but your plan is not solid,
| | there's something I can't get past.

           Tu repique es de doblez
           en toda la encordadura,
           y es extraña tu frescura,
           que me hace comparecer.
           Eres como los políticos,
           que esperan los tiempos píticos
           para salir al encuentro.
           A ellos y a ti les digo
           que ya el gusano enemigo
           les está royendo dentro.
Poeta: Pero, Hamlet, sé indulgente,
           no te enfades del relente.
           Crees que todo el mundo gira
           en torno a lo que nos tira.
           Mira un poco a lo medular,
           al trauma, a lo trausente.
Hamlet: ¿Qué me quieres sugerir?
Poeta: Que no todo es soñar,
           que no todo es morir,
           que no es todo acabar.
           Hay que mediar, hay que transar,
           hay que entender, hay que adquirir,
           hay que reír, hay que comer,
           hay que emprender, hay que elegir,
           hay que tomar, hay que escupir,
           hay que variar.
Hamlet: Eso sería en la otra esfera,
           de la comparsa embustera.
           No sabes adónde vas.
           Presenta tus posiciones.
Poeta: No seas tan absoluto.
Hamlet :   Sólo hay poluto e impoluto.

| | Your bells ring double
| | on every rope,
| | and your cheekiness is so strange,
| | that it makes me want to testify.
| | You are like the politicians,
| | who wait until election year
| | to go out in public.
| | To them and to you I say
| | that the enemy worm
| | is already gnawing inside you.
| Poet: | But, Hamlet, be lenient,
| | don't get mad at assurance.
| | You think that the world revolves
| | around what it throws at us.
| | Take a look at the marrow,
| | the trauma, the transient.
| Hamlet: | What are you suggesting?
| Poet: | That not everything is dream,
| | that not everything is death,
| | that ending isn't everything.
| | You have to mediate, you have to compromise,
| | you have to understand, you have to acquire,
| | you have to laugh, you have to eat,
| | you have to venture, you have to choose,
| | you have to take, you have to cast away,
| | you have to shift.
| Hamlet: | That must be in the other sphere,
| | of the deceitful procession.
| | You don't know where you're going.
| | Present your positions.
| Poet: | Don't be so absolute.
| Hamlet: | There is only polluted or unpolluted.

Poeta:	Y entonces lo insoluto
	¿quién lo va a agarrotar?
Hamlet:	Esperemos el positivo.
Poeta:	No siembres ya más cizaña
	y deja crecer la caña.
	La patria es lo relativo
	y ya no queda canuto.
	Menester es cultivar.
Hamlet:	No sé lo que tú pretendes
	ni a qué es lo que tiendes.
	En esa dubitación
	está nuestra perdición.
Poeta:	¿No somos acaso el mismo?
Hamlet:	Di mejor un similismo.
	Me llevarás al abismo
	si no ahincas la cuestión.
	De ti seguro no estoy,
	son raros tus procederes.
	Solamente el absoluto
	podrá decirme quién eres
	y quién yo creo que soy.
	Escoge: ser o no ser.
Poeta:¿	Por qué estás ahuizotado?
Hamlet:	Me atacas al aguafuerte
	y entintas mucho el rodillo
	en las pruebas de mi suerte,
	sacas verde el amarillo
	y estropeas mi estampado.
Poeta:	Eso será disipado
	cuando salga el embozado,
	pues tal es su cometer,
	que si uno está amarrado

Poet:	And then the unsolved,
	who can tie it down?
Hamlet:	Let's hope for the positive.
Poet:	Don't sow any more discord
	and let the cane grow.
	The country is relative
	and there are no stalks left.
	What's necessary is to cultivate.
Hamlet:	I don't know what you're after
	nor what you're inclined to.
	In that doubt
	lies our perdition.
Poet:	Are we not by chance the same?
Hamlet:	Better to say a similarity.
	You'll drag me down to the abyss
	if you don't press the question.
	I am surely not of you,
	your conduct is so odd.
	Only the absolute
	could tell me who you are
	and who I think I am.
	Choose: to be or not to be.
Poet:	Why are you such a pain in the neck?
Hamlet:	You attack my etching
	and put too much ink on the roller
	when you test my luck,
	you turn yellow to green
	and ruin my print.
Poet:	That will clear up
	when the disguise comes off,
	for such is its charge,
	that if you are tied down,

	no habrá de desmerecer.
Hamlet:	No te salgas del presente,
	no abandones la cuestión.
Poeta:	La cuestión es el futuro
	y el futuro sucesión.
Hamlet:	"To be or not to be."
	"Ser o no ser" eso es todo.
Poeta:	De tal hombre tal hazaña.
	Rompamos la telaraña
	y los sellos del Nirvana.
	Saltemos por la ventana.
	Corramos hacia el mañana
	que es hora de madrugar.
	¡Que salte todo en añicos!
	Que gorjeen los ruiseñores!
	¡Que hablen más los pericos!
	Ya no caben más cuestiones.
	Las cosas están bien claras,
	pueden mostrarse las caras
	y el pueblo mire visiones.
Hamlet:	¡Ah! pícaro, *salteador*
	del poder y del estado.
	No necesito ser brujo
	para que del emburujo
	sepa que eres coautor.
Poeta:	Cuando se quite el tapujo
	a la cosa solapada
	comenzará el arrempujo
	hacia la dicha embuchada.
Hamlet:	¿Entonces de la empanada
	qué?
Poeta:	Ni nadas de la nada
	porque se habrán vuelto orujo.

	it will not work against you.
Hamlet:	Don't go beyond the present,
	don't abandon the question.
Poet:	The question is the future
	and future succession.
Hamlet:	*"To be or not to be,"*
	That's it.
Poet:	A man's fate lies in his deeds.
	Let's wipe away the cobwebs
	and the mark of Nirvana.
	Let's jump out the window.
	Let's run towards tomorrow
	because it's time to get ahead.
	Smash everything to smithereens!
	Let the nightingales sing!
	Let the parakeets go on talking!
	There's no room for more questions.
	Everything is crystal clear,
	they can show their faces
	and let the people see visions.
Hamlet:	Oh you rascal, *robber*
	of power and of the state.
	I don't need to be a wizard
	to know that you are
	the coauthor of this jumble.
Poet:	When the mask comes off
	from what is hidden,
	the jostling will begin
	for a piece of the aforesaid electoral fraud pie.
Hamlet:	And from the tasty cover-up?
Poet:	Not the slightest bit of nothing
	because it will all have turned to mush.

Hamlet: Tú eres del alibí.
Poeta: No, ni del aleleví
            porque nunca me escondí.
Hamlet: Agente de la gazapa,
            chanchullero, urdemalas,
            que todo lo descabalas.
            No vales un zurrapa.
Poeta: Ésos eran los del rey
            pero no los de mi ley;
            esos fueron los de ayer
            pero ya no se han de ver.
Hamlet: Yo creía que tus anhelos
            miraban a la poesía,
            y que con ella tus duelos
            y tu languor finirían.
            Qué desengaño ¡ay de mí!
            siempre, siempre lo temí.
            Me heriste en el corazón.
Poeta: Yo no quise hacerte mal.
            Perdóname, somos débiles.
Hamlet: Sí, somos flébiles, flébiles,
            y equivocas la emulsión.
Poeta: ¡Ah, Hamlet de mi ambición!
            ¡Cómo pude traicionarte!
Hamlet: Yo mismo me lo pregunto
            para llegar hasta el punto
            de igualar tu condición.
Poeta: Pero la culpa es de Olarte
            y la tergiversación,
            que yo nunca tuve parte
            en aquella rebelión.
            La vida tiene rigores

Hamlet:	You are from the alibi.
Poet:	No, nor from Here I Come Ready Or Not
	because I never hid.
Hamlet:	Agent of fibbing,
	crook, schemer,
	you spoil everything.
	You are despicable.
Poet:	They were the king's
	not those of my law:
	they belonged to yesterday
	and will never be seen again.
Hamlet:	I thought that your desires
	were directed toward poetry,
	and that with it your duels
	and your languor would end.
	What disillusion, alas!,
	I always, always feared it.
	You have wounded me in the heart.
Poet:	I never wanted to hurt you.
	Forgive me, we are weak.
	Yes, we are blubbery, lamentable,
	and you get the mix wrong.
Poet:	Oh Hamlet of my ambition!
	How could I betray you!
Hamlet:	I ask myself the same thing
	to get to the point
	of matching your condition.
Poet:	But it is the fault of Olarte
	and the misrepresentation,
	that I never took part
	in that rebellion.
	Life has a harshness

	que mudan el parecer,
	los que ayer fueron albores
	mañana sombra han de ser.
Hamlet:	Yo creía en tu poesía,
	y sólo por cofradía
	abandoné mi panteón.
Poeta:	Me acongoja tu pesar
	y que todo tenga un fin.
	Volvamos a lo ninguno,
	a la nada, al Nahui Olin.
	Por ti lo haré, lo haré por ti.
	Votaré por Unamuno,
	por Dilthey, por Kierkegaard.
	Por ti lo haré, lo haré por ti.
	¿Quieres que vote al cetro,
	que siga con el espectro?
	Por ti lo haré, lo haré por ti.
	¿O que no vuelva a votar?
	Por ti lo haré, lo haré por ti.
	Lo que quiero es tu amistad,
	la gracia, la eternidad.
Hamlet:	Me has herido, yo creía
	en ti como en la verdad.
Poeta:	Si quieres que yo me lance,
	por ti lo haré, lo haré por ti.
Hamlet:	Pero tú no tienes *chance*.
Poeta:	Por favor no digas *chance*,
	es mejor decir opción.
Hamlet:	Ya no importa lo que diga,
	todo vale una higa.
	La poesía por los suelos.
	¿A qué sirven mis desvelos?
Poeta:	Pero yo no soy culpable.

	that changes your looks,
	yesterday's spring chickens
	are tomorrow's ghosts.
Hamlet:	I believed in your poetry
	and only out of brotherhood
	did I leave my grave.
Poet:	I am distressed by your regret
	and the thought that everything must come to an end.
	Let's go back to the nobody,
	the nothing, the Nahui Olin.
	For you I will do it, I will do it for you.
	I will vote for Unamuno,
	for Dilthey, for Kierkegaard.
	For you I will do it, I will do it for you.
	Do you want me to vow to the scepter,
	or go with the specter?
	For you I will do it, I will do it for you.
	What I want is your friendship,
	grace, eternity.
Hamlet:	You have wounded me. I believed
	in you as I believed in truth.
Poet:	If you want me to jump,
	for you I will do it, I will do it for you.
Hamlet:	But you don't have a *chance*.
Poet:	Please don't say *chance*,
	it's better to say choice.
Hamlet:	It doesn't matter any more what I say,
	it isn't worth a damn.
	Poetry unappreciated.
	What have all my efforts been for?
Poet:	But I'm not guilty.

	El culpable es vulnerable.
Hamlet:	Donde se oculta la mágica.
Poeta:	La cubren extraños velos.
Hamlet:	¡Ah, que la vida es trágica!
Poeta:	Yo sufro tu desventura.

Aquí está la noche oscura.
¡Oh Hamlet!, nuestro futuro
ya no es nada prematuro.
La luna patibularia
anda rondando la agraria.
Hay sombras por la ribera,
y la Peña está enfoscada,
arrecia la marejada,
y la bandera del norte
alza su sañudo porte.
¿Volveremos cual la ola
con su retorno eterno
o seremos arrumbados
en el más negado infierno?
¿No somos los más pintados?

Hamlet: La muerte se pinta sola
y nos deja amoratados,
sin que importe nuestro rumbo,
ni el isócrono retumbo,
ni el mundo y su batahola.

Poeta: Vivir es cosa de espanto,
pero he olvidado llorar.

Hamlet: Te aguardo en el camposanto
antes que el servil gusano
te comience a barrenar.
Y allí tú decidirás
acerca de tus quereres,

	The guilty one is vulnerable.
Hamlet:	Where magic is hidden.
Poet:	Strange veils cover it.
Hamlet:	Oh, life is tragic!
Poet:	I suffer your misfortune.
	Here is the dark night.
	Oh Hamlet!, our future
	is no longer premature.
	The sinister moon
	goes around the land.
	There are shadows along the shore,
	and the Rock is clouded,
	the surf swells,
	and the flag of the north
	raises its angry image.
	Will we come back like the wave
	in its eternal return
	or will we be discarded
	to the most useless hell?
	Are we not the most capable?
Hamlet:	Death does its own makeup
	and leaves us black and blue,
	no matter which direction we're going
	not the isochronous boom
	nor the world and its din.
Poet:	Living is scary,
	but I have forgotten how to cry.
Hamlet:	I will wait for you in the cemetery
	before the servile worm
	starts to bore you.
	And there you will decide
	about your affections,

           si el falso panteón prefieres
           con las glorias del montón
           o el eterno verdadero
           de la única cuestión.
Poeta: Gracias, Hamlet, noble amigo,
           déjame estrechar tu mano.
           Me conmueve tu emoción.
           Poeta, príncipe, abrigo
           la dicha de estar contigo
           en la última cuestión.
Hamlet: Adiós, grandísimo pillo.
Poeta: Adiós, príncipe amarillo.
           No te vayas hacia atrás.
Hamlet: Y tú no caigas al ras.
Poeta: Me parece haber soñado.
           Tendré que expiar mi pecado,
           pues no quiero ser culpado.
Hamlet: "Ser o no ser" eso es todo.
Poeta: Yo te honraré a mi modo:
           a ti mi postrera voz.
Hamlet: Di a Horacio que me despido,
           que él diga mi galardón,
           es ya inútil lo demás.
           Remember me es lo que pido.
           El tapado es Fortimbrás.
Voces: ¡Viva la internacional
           de los poetas! ¡Viva!
           ¡Que viva Hamlet! ¡Que viva!
           ¡Viva Knokke y su bienal!
           ¡Acabad con los caciques!
           ¡Perezcan judas y triques!
           ¡Que viva la recidiva

	whether you prefer the false tomb
	with commonplace glories
	or the eternal truth
	of the only question.
Poet:	Thank you, Hamlet, noble friend,
	let me shake your hand.
	Your emotion moves me.
	Poet, prince, I cherish
	the luck of being with you
	in the ultimate question.
Hamlet:	Goodbye, you big rascal.
Poet:	Goodbye, faded prince.
	Don't go backward.
Hamlet:	And don't you fall flat on your face.
Poet:	This all seems like a dream.
	I will have to expiate my sin,
	for I don't want to be blamed.
Hamlet:	"To be or not to be," that is everything.
Poet:	I will honor you in my way:
	I'll give you my final voice.
Hamlet:	Tell Horatio goodbye for me,
	may he tell my reward,
	the rest is useless.
	Remember me is what I ask.
	The likely successor is Fortinbras.
Voices:	Long live the poets'
	international! Hurrah!
	Long live Hamlet! Hurrah!
	Long live Knokke and its biennial!
	Get rid of the political bosses!
	Perish the traitors and the tricks!
	Long live the relapse

                de la tragedia inmortal!
Poeta: Si la pieza os ha gustado,
                Maples Arce hoy os invita
                al banquete hamletiano,
                mas sabed que en esta cita
                no manduca el invitado;
                el que come es el gusano.

| | of immortal tragedy!
| Poet: | If you have enjoyed the play,
| | Maples Arce invites you today
| | to the Hamletian banquet,
| | but know that at this rendezvous
| | the guest doesn't chew;
| | the one who eats is the worm.

A Hamlet

¡Oh Hamlet, camarada de este sueño,
que has venido a buscarme hasta mi río,
mira conmigo en el destino umbrío
y líbrame de angustias con tu empeño!

¿Es mejor reposarse como un leño
que aguantar el horror de lo baldío?
¿O por la oculta voz del albedrío
volver la daga en propio desempeño?

Al punto de partir para lo eterno
mi temor a lo oculto es un infierno;
—flor, mi vida de ayer, sólo un momento,
sé que estoy en la última jornada,
pues de la muerte voy en seguimiento,
a las nadas de nada de la nada.

To Hamlet

Oh Hamlet, comrade in this dream,
who has come to my river to find me,
look with me into shadowy destiny
and from anguish pledge to free me!

Is it better to lie down like a log to rest
than to suffer the horror of uselessness?
Or by the inner voice of the will
turn the dagger to one's own completion?

At the point of departing for the eternal
my fear of the unknown is infernal;
–blossom, my life of yesterday, only a moment,
I know I am in my last day,
for from death I go straightaway
in pursuit of the nothings of the nothing of nothingness.

www.ingramcontent.com/pod-product-compliance
Lightning Source LLC
Chambersburg PA
CBHW031542300426
44111CB00006BA/144